인간 본성과 세계 문제

도서출판 **리버티**에서 낸 역서

《경제 모형과 방법론》
《공공선택론 입문》
《미국의 외교 문제: 간결한 역사》
《루트비히 폰 미제스 입문》
《시장은 어떻게 작동하는가: 불균형, 기업가 정신 그리고 발견》
《자유주의와 연고주의: 대항하는 두 정치 경제 체제》
《오스트리아학파 경제학 입문》
《대도시 지역의 공공경제: 공공선택 접근법》
《자유 사회의 기초》
《초보자를 위한 자유의 길잡이》
《고전적 자유주의 입문》
《축약된 국부론: 그리고 대단히 축약된 도덕 감정론》
《자유 101》
《공공 정책과 삶의 질: 시장 유인 대 정부 계획》
《번영의 생산: 시장 과정의 작동의 탐구》
《애덤 스미스 입문》
《공공선택론 고급 개론》
《아인 랜드 개론》
《시장의 재도입: 시장 자유주의의 정치적 부활》
《자본주의 개론》
《정치적 자본주의: 경제 및 정치권력이 어떻게 형성되고 유지되는가》
《학파: 101인의 위대한 자유주의 사상가》
《본질적인 오스트리아학파 경제학》
《기업가 정신 개론》
《본질적인 애덤 스미스》
《민주주의 개론》
《본질적인 제임스 뷰캐넌》
《본질적인 밀턴 프리드먼》
《무역과 세계화 개론》
《본질적인 자유의 여성들》
《경제적 불평등 개론》
《경제에 관해 생각하는 방법 입문》
《본질적인 UCLA학파 경제학》
《고지에 오르기: 사상 지도력, 자유주의 가치 그리고 몽펠르랭 소사이어티의 역사》
《재무적 자유: 부를 창출하고 그것을 붙잡고 있는 방법》
《국가들이 가난에서 벗어나는 방법: 베트남, 폴란드, 그리고 번영의 기원》

인간 본성과 세계 문제
고전적 자유주의와 국제 관계 이론 개론

에드빈 판 데 하르 지음 · **황수연** 옮김

Human Nature and World Affairs
An Introduction to Classical Liberalism
and International Relations Theory
by Edwin van de Haar

iea
Institute of Economic Affairs

도서출판 리버티

인간 본성과 세계 문제: 고전적 자유주의와 국제 관계 이론 개론

지은이 **에드빈 판 데 하르**
옮긴이 **황수연**
펴낸이 **구자춘**

초판 1쇄 펴낸날 2025년 9월 30일

도서출판 리버티
48075 부산 해운대구 양운로 182, 103-404
전화 (051) 701-0122 / 팩스 (051) 918-0177
출판등록 2013년 1월 10일 제333-2013-000001호
전자우편 jachoon2@hanmail.net

Liberty Publishing House
182 Yangwoon-ro, 103-404, Haeundae-gu, Busan 48075, Republic of Korea
Phone 82 51 701 0122
email jachoon2@hanmail.net

© 도서출판 리버티 2025

Human Nature and World Affairs: An Introduction to Classical Liberalism and International Relations Theory by Edwin van de Haar
First published by the Institute of Economic Affairs, London, in 2023
Copyright © The Institute of Economic Affairs 2023
All rights reserved.

Korean translation edition © 2025 by Liberty Publishing House
Translated by Sooyoun Hwang
Published by arrangement with The Institute of Economic Affairs, Westminster, London, UK.
Reprinted by permission. All rights reserved.

이 책의 한국어 판권은
저작권자인 The Institute of Economic Affairs와 계약한
도서출판 리버티에 있습니다.
저작권법에 의해 한국 내에서 보호를 받는 저작물이므로
어떠한 형태로든 무단 전재와 무단 복제를 금합니다.

ISBN 978-89-98766-39-9 (93300)

나이절 애시퍼드(Nigel Ashford)에게

차례

- *지은이에 관해* ·· 12
- *감사의 글* ·· 14
- *요약* ·· 16
- *표 목차* ··· 21

1 서론 ·· 23
국제 정치 이론 ··· 25
구조 ·· 28
결론적 논평들 ··· 29

2 자유주의들(과 보수주의) ··································· 31
개념적 접근 ··· 32
고전적 자유주의 ··· 34
사회적 자유주의 ··· 35
리버테리어니즘 ·· 36
IR 이론에의 적용 ·· 37
자유주의와 보수주의의 차이점들 ·························· 38

제1부: 사상가들 ········· 43

3 스코틀랜드 계몽운동: 데이비드 흄과 애덤 스미스 ······ 45
데이비드 흄(1711-76) ········· 46
애덤 스미스(1723-90) ········· 51

4 오스트리아학파: 루트비히 폰 미제스와
F. A. 하이에크 ········· 57
루트비히 폰 미제스(1881-1973) ········· 57
F. A. 하이에크(1899-1992) ········· 63
결론 ········· 68

제2부: 구성 요소들 ········· 71

5 개인들: 인간 본성, 자연권 그리고 인권 ········· 73
"인간의 과학" ········· 74
고전적 자유주의 견해 ········· 75
국제 관계에 대한 영향들 ········· 77
자연권과 인권 ········· 80

6 집단들: 민족들, 국가들, 주권 그리고 이민 ········· 83
민족, 국가, 나라 ········· 84

민족적 자부심과 민족주의 ········· 87
주권과 외교 ········· 88
제국 ········· 90
연방 ········· 91
이민 ········· 93

7 폭력: 세력 균형, 전쟁, 군사 개입 ········· 99
세계 정치에 관한 견해 ········· 99
세력 균형 ········· 101
전쟁 ········· 103
전쟁의 비용 ········· 105
군사 개입 ········· 106
군사 개입의 효과들 ········· 109

8 규칙들: 국제법과 국제 조직 ········· 111
국제법 ········· 111
국제 정부 기구들(IGO들) ········· 113
국제 비정부 기구들(INGO들) ········· 116

9 경제: 무역, 세계화 그리고 개발 원조 ········· 119
자유 무역 ········· 119
자유 무역과 평화 ········· 122
세계화 ········· 125
개발 원조 ········· 127

구성 요소들을 모으기 ·· 129

제3부: 국제 관계 이론 ·· 133

10 자유주의 IR 이론들 ·· 135
자유주의 IR 이론의 형세 ·· 136
자유주의 국제주의 ·· 139
자유주의 제도주의 ·· 141
기능주의와 상호 의존 ·· 142
체제 이론 ·· 143
내장된 자유주의 ·· 144
자유주의 평화 이론 ·· 145
다른 자유주의들 ·· 147

11 고전적 자유주의, IR 이론 그리고 외교 정책 ·········· 151
고전적 자유주의 대 자유주의 IR 이론 ·· 151
고전적 자유주의와 영국 국제 관계 학파 ·· 152
세계 사회 전통 ·· 154
국제 체제 전통 ·· 155
(다원주의) 국제 사회 이론으로서 고전적 자유주의 ·········· 158
고전적 자유주의 외교 정책 ·· 160

12 리버테리언들과 IR 165
역사적 자취 166
고전적 자유주의 대 리버테리언 IR 168
전쟁 171
민간 방위 173
미국 외교 정책 175
아인 랜드 176
리버테리언 국제 관계 대 고전적 자유주의 국제 관계 179

13 결론 181

문헌과 추가적인 읽을거리 187

IEA에 관해 215

- 옮긴이 후기 223
- 옮긴이에 관해 225

지은이에 관해

에드빈 판 데 하르(Edwin van de Haar) 박사는 자유주의 국제 정치 이론을 전공하는 독립 학자이다.

자기의 학문 연구에서 그는 자유주의 정치사상 안에서 국제 관계에 관해 서로 다른 견해에 매료되고, 연구와 저술을 위한 그의 목적과 동기는 이 차이점들을 밝히고 국제 문제에 관해 자유주의 안에서 대화를 촉진하는 것이다.

판 데 하르 박사는 ≪고전적 자유주의와 국제 관계 이론: 흄, 스미스, 미제스 그리고 하이에크(Classical Liberalism and International Relations Theory: Hume, Smith, Mises and Hayek)≫(폴그레이브 맥밀런, 2009), ≪사랑받지만 알려지지 않은: 자유주의 정치 철학(Beloved Yet Unknown: The Political Philosophy of Liberalism)≫(아스펙트, 2011, 화란어로) 그리고 ≪자유도들: 자유주의 정치 철학과 이데올로기(Degrees of Freedom: Liberal Political Philosophy and Ideology)≫(러틀리지, 2015)의 저자다. 그는 많은 편집된 책에 기고했는데, 그것들 중에는 ≪애덤 스미스에 관한 옥스퍼드 핸드북(The Oxford Handbook of Adam Smith)≫(2013), ≪정당한 군사 개입과 부당한 군사 개입: 비토리아에서 밀까지 유럽 사상가들(Just and Unjust Military Intervention: European Thinkers from Vitoria to Mill)≫(2013) 그리고 ≪유럽에서 자유주의 국제 이론 전통(The Liberal International Theory Tradition in Europe)≫(2021)이 있다. 국제 문제들에 관한 그리고 자유주의 사상가들에 관한, 무엇보다도 특히 흄, 스미스, 미제스, 하이에크 그리고 랜드에 관한, 그의 논문들은, ≪국제 연구

평론(The Review of International Studies)≫, ≪국제 관계(International Relations)≫, ≪국제 정치, 경제 문제 및 현대 동남아시아(International Politics, Economic Affairs and Contemporary Southeast Asia)≫를 포함하여, 널리 발표되었다. 그는 (화란) 공개 토론에 정기적으로 공헌한다.

판 데 하르 박사는 브라운 대학교 존 토마시(John Tomasi)의 정치 이론 프로젝트에서 정치 이론 방문 연구위원이자 강사, 레이던 대학교 정치학 연구소에서 국제 관계(international relations; IR)와 정치경제학 강사, 그리고 아테네오 데 마닐라 대학교 유럽 연구 프로그램에서 국제 관계 강사였다.

그는 2008년에 마스트리흐트 대학교에서 국제 정치 이론 박사 학위를 받았고, 또한 런던 정치 경제 대학에서 국제 관계, 그리고 레이던 대학교에서 정치학 석사 학위들을 보유하고 있다.

판 데 하르 박사는 화란 국민이고 헤이그에 산다. 그는 몽펠르랭 소사이어티의 회원이다.

더 많은 정보를 얻기 위해서는, www.edwinvandehaar.com을 방문하십시오.

감사의 글

이 책을 쓰는 것은 큰 기쁨이었다. 그것은 내가 ≪고전적 자유주의와 국제 관계 이론: 흄, 스미스, 미제스 그리고 하이에크≫(2009)와 ≪자유도들: 자유주의 정치 철학과 이데올로기≫(2015)에서 제안한 논거들을 새롭게 하고, 확대하며, 개선할 기회를 나에게 주었다. 어떤 새 아이디어들은 다른 학문 연구에 근거하지만, 다른 것들은 이 책에 특유하다. 하나의 개론으로서, 그것의 의도적인 독자층은 더 넓은데, 이것은 이전 책들과 비교해서 어조(語調), 참고 문헌 달기 그리고 쓰기 양식이 다른 이유가 된다.

비록 '나는 영광입니다(I am honored),'라는 구절이 종종 남용될지라도, 이 경우에는 정말로 의문이 있을 리 없다. 내가 해리스 경(Lord Harris)을, 그가 런던 경제 대학 하이에크 소사이어티(Hayek Society)에 강연했고 그 후 나를 그 해의 윈콧 강연(Wincott Lecture)에 초청한, 1996년 가을에 만난 이래로, IEA는 나에게 특별했는데, 특히 그것이 그 연구를 내가 찬탄하는 그렇게 많은 사람에 의한 탁월한 출판의 긴 역사를 지니고 있었기 때문이었다. 그렇다, 나도 또한 그다지 대단하지 않은 공헌이라도 하게 되어 영광이다.

나는 IEA의 전(前) 학술 및 연구 이사 사이에드 카말 경(Lord Syed Kamall) 교수에게 그가 고전적 자유주의와 국제 문제에 관심을 기울여 주신 데 대해 매우 감사한다. 그는 내게 여러 IEA 발표란(欄)에 기고하도록 권유했고, 이 책을 의뢰했으며, 또한 철저한 편집을 완성하기도 했다. 그의 후임, 제임스 포더(James Forder) 교수는 그 프로젝트를 끝까지 열정적으로 살펴보셨는데, 나는 또한 그것에 대해서도 감사한다. 나는 또한 이 책의 제작뿐만 아니라 그것에 관한 보도에도 관여한 모든 다른 사람에게도 감사한다.

나는 또한 두 명의 익명의 심사자에게도 감사하는데, 그들의 제안들은 확실히 책을 개선했다. 물론, 남아 있는 어떤 실수들도 오로지 내 것이다.

플로어 쉬퍼(Floor Schipper)는 사랑과 지원의 큰 원천이었다. 우리는 일, 연구 그리고 여가를 결합할 상당히 이상적인 환경을 창출할 수 있었다. 이것은 멋진데, 나는 그녀의 격려와 지원에 대해 그녀에게 감사한다.

조지 메이슨 대학교 인문학 연구소(Institute of Humane Studies; IHS)의 나이절 애시퍼드(Nigel Ashford) 박사에게 이 책을 바친다. 우리는 2005년에 샬러츠빌의 버지니아 대학교 IHS 대학원생 여름 세미나(IHS Graduate Summer Seminar)에서 만났다. 나이절은 항상 고전적 자유주의와 국제 관계의 주제에 예민한 관심이 있었고, 무엇보다도 그는 매우 붙임성 있는 사람이다. 나이절 덕분에, 내가 나의 박사 학위 논문을 쓸 때 나는 여러 IHS 프로그램에 가담할 수 있었고, 그 이래, 그는 IR에 관심이 있는, 자기의 넓은 연결망에 있는, 사람들에게 나를 연결하는 데 절대 싫증을 내지 않았다. 그러므로, 나이절의 놀랍고 귀중한 연구의 정신으로, 나는 이 책이 고전적 자유주의 국제 정치 이론 분야에서 연구를 시작하도록 많은 학생과 학자의 욕구를 돋우기를 희망한다.

건배, 나이절!

요약

이 책은 국제 관계에 관한 고전적 자유주의 이론을 제시한다. 그것은 새롭게 개발되지 않고, 주요 고전적 자유주의 사상가들, 특히 데이비드 흄, 애덤 스미스, 루트비히 폰 미제스 그리고 F. A. 하이에크의 저작들에서 추출되며, 그들의 사상들에 기초한다. 따라서, 고전적 자유주의 이론의 요소들이 항상 존재했지만, 그것들이 또한 그들 저작의 서로 다른 곳에 흩어져 있기도 했다. 국제 관계에 관한 그들의 사상들은 결코 포괄적으로 제시되지 않았는데, 이에 따라 많은 잘못된 해석이 나왔다.

고전적 자유주의

고전적 자유주의 국제 관계 이론은 국내 정치에 관한 고전적 자유주의 사상들의 논리적인 연장이다. 그것은 다른 변형들의 자유주의와 아주 다르다. 고전적 자유주의 이론은, 마이클 프리든(Michael Freeden)(1996)이 전개한 방법을 느슨하게 따라, 많은 구성 요소와 관련 개념을 통해 제시될 것이다. 고전적 자유주의 국제 관계 이론의 주요 아이디어들은 다음과 같다:

- 출발점은 현실적인 인간 본성 견해인데, 이것은 개인들의 사회적 본질을 소중히 여기지만, 또한 말다툼하고, 싸우며, 폭력을 사용하는 그들의 성향을 인정하기도 한다. 인간 본성에 관한 견해들은 국제 관계에 결정적인데, 왜냐하면 모든 국제 정치가 인간 활동들에 관한 것이기 때문이다.

- 전쟁과 폭력은 유감스럽지만 불가피한 국제 문제 측면이다. 고전적 자유주의자들은 폭력과 전쟁을 제거하려고 시도하기보다 그것을 처리하려고 노력한다.
- (민족) 국가는 국제 관계에서 주요 행위자이다. 주권은 존중되어야 한다. 오직 예외적인 상황에서만 연합 형태로의 완화가 요구된다.
- 세계 정치에 이익들의 조화는 없다. 국가들이 국제 사회를 형성할 수 있을 것이지만, 그것들은 또한 항상 안보 딜레마에 직면하기도 할 것이다.
- 세력 균형은 국제 수준에서 자생적 질서의 한 형태다.
- 정전(正戰) 원칙들이 적용되지만, 군사 개입을 정당화하는 사례들의 수는 매우 한정되어 있는데, 대개 단지 대량 학살을 예방하거나 중단하기 위해서만이다.
- 한편, 국제법과 국제기구들이 유용하고, 국제 의무들이 중요하고 지켜져야 한다(*약속은 지켜져야 한다*; pacta sunt servanda). 다른 한편, 국제법과 기구들이 또한 개인의 자유에 주요 위협들을 제기할 수도 있다. 그러므로, 고전적 자유주의자들은 둘 다를 단지 한정된 양만 지지한다.
- 국제 수준에서 건전한 경제는 자유 무역과 세계화를 의미하지만, 고전적 자유주의자들은 정부들이 제공하고 납세자들이 치르는 개발 원조에 회의적이다.
- 자유 무역이 나라 사이 관계를 개선하지만, 그것은 그 자체로 평화를 촉진하지 않는다. 그것은 인간 본성을 바꿀 수도 없고 다른 전쟁 원인들을 극복할 수도 없다.

다른 자유주의 IR 이론들과의 차이점들

고전적 자유주의 국제 관계 이론은 기존 자유주의 국제 관계 이론들과 상당히 다르다. 주요 차이점들은 아래에 요약되어 있다.

자유주의 IR 이론들	*고전적 자유주의 IR 이론*
인간들이 전쟁과 충돌을 극복할 만큼 충분히 합리적이라고 믿어서, 세계 평화가 달성 가능하다.	현실적인 인간 본성관에 기초하여, 충돌과 전쟁은 영구적인 국제 관계 특성이다.
국가는 세계 문제에서 문제가 되는 행위자로 여겨진다.	국가는 국제 관계에서 주된 그리고 자연적인 행위자다.
세력 균형은 문제가 되고 전쟁의 원인이다.	세력 균형은 자생적 질서를 세우는 메커니즘으로서 작용하고, 어느 정도 국제 질서를 촉진한다.
완전한 인권 목록이 방어될 필요가 있다.	오직 고전적 인권들만 방어될 필요가 있다.
평화로운 국제 관계는 국내 제도적 장치들, 무엇보다도 특히 민주주의로 촉진될 수 있다(민주주의적 평화 이론).	국내 장치들이 충돌과 전쟁을 극복할 가능성에 회의적이다.
정부 간 및 비정부 기구들, 체제들 그리고 국제법의 역할이 중요한데, 이것들은 권력 정치 논리의 효과들을 극복하거나 무력하게 하려고 노력한다.	국제법, 체제들 그리고 정부 간 기구들의 역할이 중요하지만 제한되어야 하고 대개 기능적이다. 그것들은 쉽게 개인의 자유에 대한 위협이 될 수 있다.
국제 무역은 평화를 촉진할 것이 기대된다.	무역과 평화 사이에 필연적인 관계가 없다.
군사 개입에 대한 꽤 넓은 지지가 있는데, 또한 민주주의 촉진을 위한 군사 개입에 대해서도 그렇다.	군사 개입은, 대량 학살 같은, 오직 예외적인 경우에만 받아들일 수 있다. 민주주의 촉진은 거의 성공하지 못한다.

현실주의와의 차이점들

고전적 자유주의는 IR에서 '현실주의(realist)' 이론이 아니다. 현실주의와 고전적 자유주의는, 세계 정치에서 민족 국가의 중심적 지위, 세력 균형의 이해, 그리고 전쟁이 때때로 불가피하다는 인식 같은, 많은 견해를 공유한다. 그러나 고전적 자유주의자들은

- 국제 질서의 가능성에 관해 현실주의자들보다 더 긍정적이고 세계 정치에서 도덕 기준들을 소중하게 여긴다;
- 국가의 이익들보다는 개인의 자유에 더 관심이 있다;
- 강대국 관리를 덜 간절히 수용하고 싶어 하는데, 왜냐하면 모든 국가의 주권이 보장되어야 하기 때문이다 — 국제법과 기구들이 제한되어야 하지만, 폐기될 수는 없다;
- 세계 정치를 노골적인 무정부 상태로서가 아니라, 민족 국가들의 무정부 상태 사회로서 보는데, 왜냐하면 전 세계적인 무정부 상태 체제는 덜 예측 가능하고, 세계화, 자유 무역, 정전 규칙들 그리고 제한적이지만 효과적인 국제법 같은, 정당한 세계 정치의 고전적 자유주의 사상들에 덜 개방적이기 때문이다;
- 원칙적으로, 단지 소수의 기능적 국제기구만을 선호한다.
- 종종 정치권력 이유로 주어지는 개발 원조에 회의적이고, 비국가 원조와 지원을 자금 조달하는 개인 기부들을 더 지지한다.

리버테리어니즘과의 차이점들

고전적 자유주의자들과 리버테리언들은 개인의 자유, 자유 무역 그리고 세계화에 대한 선호를 공유하고, 전쟁에서 국가의 확대를 걱정한다. 그러

나 고전적 자유주의자들은

- 국제 정치에서 국가의 지위, 세력 균형 그리고 국제 관계에서 평화의 가능성을 소중하게 여긴다;
- '미 제국'을 그만두게 하는 데 덜 관심이 있다;
- 반드시 완전히 개방적인 이민을 지지하지는 않고 무역과 평화 사이 양의 관계라는 생각을 거부한다;
- 게릴라 전투나 국방의 민영화라는 생각을 믿지 않는다;
- 국제 관계에 관한 리버테리언 사고가 고립주의 측면을 가지고 있는 것으로, 특히 일방적인 고립주의 및/혹은 중립성을 가지고 있는 것으로 본다.

표

표 1 자유주의 형태론 34
표 2 보수주의 형태론 41
표 3 고전적 자유주의 국제 이론의 형태론 131
표 4 자유주의와 고전적 자유주의 IR 이론 사이 차이점들 151

1 서론

팬데믹, 우크라이나 및 어딘가 다른 곳에서 전쟁, 국제 무역, 브렉시트, 강대국 사이 권력 투쟁, 개발 원조, 국제 조직, 유럽 연합, 국제 연합 안전 보장 이사회, 핵 및 화학 무기, 사이버전, 국경 분쟁, 국제 환경 및 기후 정책: 이것들은 전 세계에서, 매일, 온라인과 오프라인 뉴스 매체에서 보도되는 그저 몇 가지 주제일 뿐이다.

    고전적 자유주의자들은 이 쟁점들에 관해 무엇을 생각하는가? 많이 생각하지 않는 것 같다. 자유주의 국제주의와 자유주의 제도주의 학자들, 게다가 현실주의, 구성주의, 마르크스주의, 비판 이론, 여권(女權)주의 그리고 그 밖의 학파들의 학자들도 외교 문제에 관해 정기적으로 논평하지만, 고전적 자유주의자들에게서는 많은 이야기를 듣지 못한다. 고전적 자유주의 필자들에 의해 대개 미국 시사(時事)에 관해 우연한 학술 논문이나 논평이 있을지 모르지만, 많은 고전적 자유주의자는 종종, 만약 우리가 그저 자유 무역, 세계화 그리고 고립주의 외교 정책들을 가지기만 한다면, 모든 게 잘될 것이라고 믿는 것처럼 보인다. 자유주의 전통 안과 밖의 많은 사람에게는, 이것은 국제 관계에 관한 논쟁들에서 진지한 동료로서 그들의 자격을 박탈한다.

    이것은 골치 아픈데, 왜냐하면 이것은 다음에 이르기 때문이다:

- 주요 고전적 자유주의 사상가들의 견해들에 관한 잘못된 묘사들;
- 그들의 완전한 견해들을 나타내지 않는, 고전적 자유주의 필자들 작품들에 관해 선택된, 종종 고립된 부분들에 기초한 진술들;

- 고전적 자유주의자들 자신들이 한 것들을 포함해서, 세계 정치와 관련해서 고전적 자유주의에 관한 잘못된 진술들;
- 학술적인 자유주의 이론들에서 고전적 자유주의의 부재와, 그 결과, 자유주의 전통의 불완전한 묘사;
- 고전적 자유주의가 국제 경제뿐만 아니라 국제 관계도 망라한다는 점을 전혀 모르고, 이것이 그다음 그들이 더욱더 세계화된 세계에 살고 있으므로 고전적 자유주의 사상이 덜 적절한 것처럼 보이게 할지 모르는, 교육을 받는 여러 세대의 학생들.

이런 간과는 역점을 두어 다룰 필요가 있다. 이 책은 세계 정치를 고찰하는 고전적 자유주의 방식을 제공한다. 그것은 국제 문제를 분석하기 위한 고전적 자유주의 렌즈를 제공한다. 국제 관계 이론 분야에서 대학교수들을 포함하여, 많은 사람에게는, 그러한 고전적 자유주의 국제 관계 이론이 존재한다는 점을 그들이 깨닫지 못했을지 모르므로, 이것은 이상한 것 같을지 모른다. 그렇지만, 대충 18세기에 시작된 고전적 자유주의 전통에서 비롯된, 그러한 이론적인 세계 문제 접근법이 있고 항상 있었다.

그러므로 필립 컨리프(Philip Cunliffe)는 대학 교수들 가운데 소문난 예외인데, 자기의 책 ≪새 스무 해의 위기(The New Twenty Years' Crisis)≫(2020)에서 국제 문제에서 자유주의가 아마도 심지어 스페인들에 대한 화란 반란(1568-1648년)으로조차도 거슬러 올라갈 수 있을 것이지만, 확실히 영국인들이 프랑스 절대주의에 대항해 자유를 지킬 것을 주장한 1756-1763년의 7년 전쟁으로 거슬러 올라갈 수 있을 것이고, 세력 균형이 자유를 보존하는 필요조건이라고 흄이 암시했다고 인정한다.

고전적 자유주의자들은, 그저 소수만 거명하더라도, 보수주의자들, 사회 민주주의자들, 기독교 민주주의자들, 사회주의자들 혹은 공산주의자들은 말할 것도 없고, 다른 자유주의 사상가들과 비교해서도 세계 정치를 다르게 고찰한다. 다른 자유주의 국제 관계 사상들과의 차이점들이 이 책에서 강조될 것인데, 왜냐하면 그곳은, 더 넓은 자유주의 전통 안에서뿐만 아니라 학계에서와 학계를 넘어서도, 대부분 혼동이 일어나는 곳이기 때문이다. 예를 들면, 몇몇 IR 교과서는, 주장하는 바에 의하면 두 세계 대전 후 그것의 적절성을 잃은, '고전적 자유주의 국제주의(classical liberal internationalism)'를 언급하지만, 여기서 실제로 의미하는 것은 자유주의 국제주의의 고전적 견해이지, 고전적 자유주의의 국제적 차원이 아니다[옌손(Jönsson) 2018]. 우리는 이 책의 제3부에서 그것에 이를 것이다.

국제 정치 이론

이 책은 국제 문제에 관한 논평이 아니다; 그것은 또한 정당 정치에 관한 것도 아니다. 오히려, 그것은 국제 무대에 적용되는 정치 철학에 관한 것이다. 이 주제 영역은 국제 정치 이론이라 불린다[브라운(Brown)과 에커슬리(Eckersley) 2018]. 정치 철학자들은 대개 내부 (국내) 정치에 집중하고, 국경을 넘는 사건들과 사상들의 영향력을 종종 간과하거나 경시하는 경향이 있다. 첫눈에는, 국제 관계 이론가들이 철학자들과 사상가들로부터 국제 관계에 관한 사상들을 구체화하는 일을 더 잘 할 것 같지만, 그들의 접근법은 거의 구조적이지 않다. 그들은 사상들의 역사에서 까다롭게 고르는 경향이 있고 한 사상가의 전 지적 유산 안에서 이 사상들의 포괄적인 분석을 좀처럼 시도하지 않는다. 종종, IR 이론가들은, 개인주의, 자본주의 혹은 민주주의 같은, 자기들이 자유주의를 가지고 연상하는 두셋 사상에 기초하여 한 이론을 '자유주의적(liberal)'이라고 부른다. 이것은 불충분하다.

국제 정치 이론은 국제 문제에 관한 사상가들의 사상들을 되찾고 더 가져감으로써 정치 철학과 IR 사이에 요체(要諦)가 되려고 한다. 그 결과들은 정치 이론에 견고한 토대를 가지고 있는 국제 관계 이론들이다. 이것은, 영향력 있는 고전적 자유주의 사상가들, 무엇보다도 특히 흄, 스미스, 미제스 그리고 하이에크의 사상들을 위한 중심적인 자리를 가지고, 이 책에서 취하는 기본적인 접근법이다. 여기서 제시되는 고전적 자유주의 국제 관계 이론은 고안된 것이 아니고 그들의 사상들과 저작들을 탐구한 결과이다. 저자는 이전에 이 고전적 자유주의 IR 이론을 ≪고전적 자유주의와 국제 관계 이론(Classical Liberalism and International Relations Theory)≫(판 데 하르 2009)에서 탐구했다. 그 아이디어들은 이제 확대되고, 다듬어지며, 개선된다.

여기서 주장은 '하나의 이론(a theory)'을 제시하는 것이다. 어느 정도, 이것은 상당히 큰 주장을 하는 것이다. 맥락을 파악하려면, IR에서 어떤 이론 설명이 필요하다. 국제 관계를 이론화하거나 새 이론을 제안하는 데는 그저 한 가지 방식만 있지 않다. 핼리데이(Halliday)(1994)에 따르면, IR 이론은 국가 간 관계, 초국가 관계 그리고 국제 체제 그 자체의 분석적이고 규범적인 이론화이다. IR 이론은 다면적이고, 방법론적으로와 인식론적으로 다원주의적이다. 그런 큰 이론화 공간 안에서, 고전적 자유주의는 하나의 세계관으로서 제시된다. 그리피스(Griffiths)(2011)는 이것을 '국제 관계가 작동하는 방식에 관한 일단의 인과적 추론으로 유지되고 보강되는, 이산적인 관심 집합을 가진, 국제 관계에 관한 아이디어들과 주장들의 독특한 집합'으로서 정의한다. 세계관은 쟁점들, 행위자들, 목표들 그리고 관계 유형들의 일정 유형들을 강조하면서 다른 것들을 무시하거나 덜 강조한다.

이 교과서에서는, 결합해서, 국제 관계에 관한 고전적 자유주의 견해를 제시하는, 일단의 구성 요소(building blocks)가 제시될 것이다. 함께 그것들은, 국가의 위치, 전쟁, 세력 균형, 군사 개입, 국제 협력, 이민 등 같은, IR의 주요 질문들을 망라한다. 국제 관계에 관한 이런 고전적 자유주의 견해는 동시에 서술적이면서 처방적이고, 다음의 주요 질문들에 대답하려고 한다: 국제 관계가 개인의 자유에 미치는 (가능한) 효과가 무엇이며 국제 관계가 더욱더 중요한 세계에서 개인의 자유가 어떻게 가장 잘 보존되는가?

대답들은 결코 완전할 리 없는데, 세계가 예견되지 않는 방식들로 계속해서 전개되기 때문이다. 그런 의미에서, 모든 이론은 렌즈이지, 엄밀한 안내서가 아니다. 그러므로, 고전적 자유주의 국제 관계 이론이 필연적으로 불완전하지만, 그것의 주된 그리고 시간을 초월한 특징들이 확실히 제시될 수 있다. 제공되는 것이 충분히 있기를 희망하는데, 특히 연구자들에 대해 그리고 고전적 자유주의, 더욱 넓게 자유주의 그리고 국제 관계 이론들에 관심 있는 사람들에 대해 그렇다.

고전적 자유주의자로 동일시하는 사람들 가운데서 IR이 상당히 경시되는 주제라는 점을 언급하는 것이 중요하다. 따라서, 그들은 여기에서 제시되는 이론을 항상 아는 것이 아닐지도 모르거나, 제3부에서 제시될, 많은 자유주의 사상을 일상적으로 혼합할지도 모른다. 그렇지만, 저자의 주장은 그들이 더 시종일관하게 되도록 노력을 기울여야 한다는 점이다.

마지막으로, 고전적 자유주의 이론의 모든 부분이 돌에 새겨져 있거나 논쟁의 여지가 없는 것이 아닌데, 예를 들면, 유럽 연합에 관해서나 이민에 관한 그것의 견해이다. 그런데도, 이 책은 가장 중요한 고전적 자유주의자들이 국내 정치에 관해서뿐만 아니라 국제 관계에 관해서도 가지고 있는 견해들과 충분히 조화된 이론을 제공한다.

구조

다음 서장(序章)은 서로 다른 가닥의 자유주의를 검토한다. 이어지는 장들은 세 부로 나누어진다.

제1부는 네 명의 중요한 고전적 자유주의자, 즉 데이비드 흄, 애덤 스미스, 루트비히 폰 미제스 그리고 F. A. 하이에크의 국제 관계에 관한 주요 사상들을 제시한다. 이것은 독자들에게 이 사상가들의 국제 관계 사상들에 관해 알리고 이 사상들을 서로에 관하여 제시하기 위해서다. IR 학생들이 이 네 사상가 누구든 사상들에 노출되는 경우들에는, 그들에게는 종종 오직 그들의 사상들에 관한 불완전한 견해만 가르쳐진다. 이것과 일치하게, 이 사상들은 또한 종종 IR 교과서들에서 그리고 고전적 자유주의 출판물들에서도 빠져 있다.

제2부는 고전적 자유주의 국제 관계 이론의 주요 구성 요소들에 관한 것인데, 이것들은 대개 흄, 스미스, 미제스 그리고 하이에크의 저작들에 기초해 있다. 그것은 다섯 장으로 나누어지는데, 다음을 검토한다:

- *개인들*: 자유주의는 국내 영역에서뿐만 아니라 국제 영역에서도 개인주의의 정치적 표현이다. 인간 본성과 개인 권리들에 관한 고전적 자유주의 견해는 무엇이며 이것은 국제 관계와 어떻게 관련되는가?
- *집단들*: 인간들은 사회적 존재이고 집단들로 산다. 집단들은 국제 무대에서 어떤 역할을 하는가?
- *폭력*: 개인들과 집단들은 때때로 분쟁에 빠진다. 만약 있다면, 국제 문

제에서 폭력의 역할은 무엇이며 그것은 어떻게 다루어져야 하는가?
- *규칙들*: 국제 규칙들의 자리가 있는가, 그리고 만약 있다면, 무슨 규칙들이 그러한가?
- *경제*: 국제 관계는 경제의 주제를 어떻게 다루는가?

제2부는 고전적 자유주의 국제 관계 이론의 주요 구조를 제시하는 것으로 끝난다.

제3부는 IR 이론에 관한 것이다. 그것은 현행 자유주의 국제 관계 이론들을 제시하고 그것들을 고전적 자유주의 이론과 비교한다. 주요 현실주의 IR 이론과의 비교가 제공되는데, 고전적 자유주의와 리버테리어니즘 사이 비교도 마찬가지다. 실제 정치에의 거리를 좁히기 위해, 고전적 자유주의 외교 정책을 위한 몇몇 지침도 역시 포함된다.

결론적 논평들

이 책은 개론서나 입문서로서 의도되었다; 바라건대, 그것은 읽기 쉬운 양식으로 씌었다. 아마 틀림없이, 이어지는 페이지들에서 논하는 모든 주제는 그 자체로 한 권의 책을 쓸 만하다. 이 교과서는 종종 그저 수박 겉핥기식으로 다룰 뿐이다. 특정 주제에 관심 있는 독자들은 확대된 참고 문헌에서 더 읽기 위한 다량의 안내서를 발견할 것이다.

관례적이듯이, (소문자들을 가진) 국제 관계(international relations), 국제 문제, 세계 정치 그리고 세계 문제는 상호 교환적으로 사용되고, 현실 생활 사건들을 가리킨다. 대문자들로 된 국제 관계(International Relations)(IR)는 학문 분야를 가리킨다. 그리고, 이 책에서 사용된 모든 '그녀가/그녀의(she/her)'에 대해서는, 독자들은 또한 그 지칭이 '그가/그의(he/his)'나 누구든 편하게 느끼는 어떤 다른 용어에 대한 것이라고 생각해도 좋다.

2 자유주의들(과 보수주의)

'고전적 자유주의(classical liberalism)'라는 용어를 사용하는 것은 다른 형태들의 자유주의가 '고전적'이지 않다는 점을 암시한다. 여러 해에 걸쳐, 학자들은 리버테리어니즘(libertarianism), 지나치게 동정심이 많은 자유주의(bleeding-heart liberalism), 경제적 자유주의, 정치적 자유주의, 사회적 자유주의, 높은 수준의 자유주의(high liberalism), 최소정부주의, 객관주의, 무정부자본주의, 등을 포함하는 많은 형태의 자유주의에 관해 썼다. 많은 대학 교과서는 신자유주의를, 그것을 정의하려고 시도조차 하지 않고, 언급한다. 국제 관계 이론에서는, 당신은 신자유주의 제도주의, 자유주의 국제주의, 자유주의 제도주의, 내장된 자유주의(embedded liberalism), 등등을 발견할 수 있다. 광범위한 자유주의는 또한 다른 학과 목들에서도 발견될 수 있다. 명백히, 이것은 비전문가 독자뿐만 아니라 대학교수에게도 불가해하다. 에이먼 버틀러(Eamonn Butler)는, 무엇보다도 특히 고전적 자유주의에 관한 자기의 IEA 입문서(버틀러 2015)와 자기의 책 ≪학파: 101인의 위대한 자유주의 사상가(School of Thought: 101 Great Liberal Thinkers)≫에서, 이 자유주의들을 명료하게 하려고 시도했다.

버틀러에 일치하여, 여기서는 자유주의 정치사상을 어지간하게 파악하는 것이 복잡할 필요가 없다고 주장된다. 경험상으로, 우리는 정치 철학에서 지속적인 질문 중 하나를 명심해야 한다: 개인과 국가 사이 정당한 관계는 무엇인가? 기본적으로, 세 가지 자유주의 대답이 있다: 국가는 개인의 생활에 (거의) 아무런 역할도 해서는 안 된다, 국가는 한정된 역할을 해야 한다, 혹은 국가는 꽤 큰 역할을 해야 한다. 이 대답들과 관련된 자유주의 변형들은, 각각, 리버테리어니즘, 고전적 자유주의 그리고 사회적 자유주의이다. 이 셋은 완전히 서로 배타적이지 않고, 이 변형들에 관련된 사상가들은 범주화에 항상 깔끔하게 들어맞지는 않는데, 확실히 그들의 전 경력 동안 그렇지 않다. 그렇지만, 세 유형의 자유주의로의 이 기본적인 분류는 어떤 다른 것만큼이나 좋은데, 간단하지만 논증이 잘 된 자유주의 분류를 제안하는 장점이 있다(판 데 하르 2015).

개념적 접근

이 세 자유주의 사이 차이점들은 또한 마이클 프리든에 의해 그의 책 ≪이데올로기들과 정치 이론(Ideologies and Political Theory)≫(프리든 1996)에서도 고찰되는데, 거기서 그는 이데올로기, 정치 이론 그리고 정치 철학을 구별한다. 우리가 여기서 상세히 논할 필요가 없지만, 독자는 셋 모두가 공통 특징을 가지고 있다는 점, 즉 그것들이, 서로 특별한 관계에 있는, 일단의 정치사상, 혹은 개념, 예를 들면, 자유, 개인주의 그리고 자연권들로 구성되어 있다는 점을 주목하여야 한다. 비록 그것들의 정확한 의미가 때때로 다투어질지라도, 그 개념들은 정치 이론이나 정치 이데올로기의 구성 요소이다. 그것들은 중요성이 서로 다르다; 핵심, 인접 그리고 주변 개념들이 있다. 그것들 사이 정확한 관계는 프리든에 의해 '형태론(morphology)'이라 불린다. 한 전통과 관련된 주요 사상가들의 주요 저작들에 기초하여, 어느 개념들이 중요한지와 이 개념들이 어떻게 서로 관련되어 있는지, 그러므로 정치 이론의 내용과 의미가 무엇인지 결정될 수 있다.

자유주의 전통의 경우, 비록 각각이 여전히 더 큰 자유주의 가족의 일부라고 할지라도, 세 가지 서로 다른 변형을 구별할 필요가 있다. 예를 들면, 자유의 개념이 모든 자유주의에 중심적이지만, 자유는 복수의 의미를 지닌다('다투어'진다). 이사야 벌린(Isaiah Berlin)의 유명한 소극적 자유와 적극적 자유 구분이 여기서 적절하다(벌린 1969). 전자는 '다른 사람들에 의한 간섭으로부터의 자유'로서 정의될 수 있고, 후자는 '자기 권리들과 자유들을 충분히 누리는 자유'로서 정의될 수 있는데, 이것은 종종 국가로부터의 약간의 지원을 요구한다. 고전적 자유주의는 소극적 자유와 관련되어 있고 사회적 자유주의는 그것의 적극적 의미와 관련되어 있다, 이것은 각각, 예를 들면, F. A. 하이에크와 존 롤스(John Rawls)의 저작들에서 보인다. 그렇지만 소극적 자유의 의미도 더 다투어질지 모른다. 예를 들면, 다른 사람들에 의한 간섭으로부터의 보호는 절대적이거나 전체적인 보호로 여겨질지 모르지만, 많은 고전적 자유주의자는 정부들이 공공 서비스들의 대금을 치르기 위해 개인들에게 세금들을 부과하는 강제를 반대하지 않는다. 고전적 자유주의자들이 가능한 가장 낮은 세금을 지지할 것이지만, [머리 라스바드(Murray Rothbard) 같은] 많은 리버테리언은 과세를 개인의 자유의 중요한 침해로 볼지 모른다. 사정을 더욱더 복잡하게 만드는 것으로, 리버테리어니즘 그 자체도 소극적 자유에 관한 절대적 견해를 간직하는 사람들(무정부자본주의자들)과 경찰, 대외 방위 그리고 사법(司法)의 대금을 치르기 위해 재산권들의 최소한 침해를 허용하는 사람들[아인 랜드(Ayn Rand) 같은 최소정부주의자들]로 분류된다.

위의 내용, 자유주의 개념들의 간단한 틀을 설명하기 위해, 프리든의 형태론적 틀의 한 예가 표 1에 제시되고, 그것은 그다음 간단히 소개된다.

표 1 자유주의 형태론

	고전적 자유주의	*사회적 자유주의*	*리버테리어니즘*
핵심 개념들	소극적 자유, 현실주의 인간 본성관, 자생적 질서, 제한된 국가	적극적 자유, 긍정적 인간 본성관, 자기개발로서 사회적 정의, 확대된 국가	소극적 자유, 현실주의 인간 본성관, 자생적 질서, 엄격한 재산권 방어를 포함하는 자연법, 무 혹은 최소 국가
인접 개념들	자연법, 법의 지배, 입헌주의	현대 인권들, 법의 지배와 중립국, 사회 계약 (밀: 공리주의)	최소정부주의: 최소 국가, 법의 지배
주변 개념들	사회적 정의, 엄격한 재산권 방어	재산권들, 자생적 질서	사회적 정의

출처: 판 데 하르(2015).

고전적 자유주의

고전적 자유주의는 18세기 스코틀랜드 계몽운동에서, 특히 (누구보다도, 프랑스 계몽운동 사상가들의 영향을 받은) 데이비드 흄과 애덤 스미스의 저작들에서 비롯되었다. 그것은 또한 루트비히 폰 미제스, F. A. 하이에크, 밀턴 프리드먼(Milton Friedman) 그리고 제임스 뷰캐넌(James Buchanan) 같은 더 뒤의 사상가들과도 관련되어 있다. 고전적 자유주의는 현실주의적 인간 본성관을 취하는데, 이것은 인간들이 합리성과 감정의 혼합으로 여겨지고, 그래서 그들이 단지 이성만으로 인도되지 않는다는 점을 의미한다. 개인의 자유는 주요한 고전적 자유주의 목표이고, 고전적 인권들의 보호, 법의 지배, 그리고, 자유 시장 같은, 사회에서 자생적 질서화 과정들에의 의존으로 최상으로 보존된다.

그러나 고전적 자유주의자들이 인간들을 그저 개인으로만 보지 않는다는 점이 지적되어야 한다. 애덤 스미스 같은 고전적 자유주의 사상가들은 '어떤 사람도 섬이 아니다(no man is an island),'라는 존 던(John Donne)과 같은 의견이다. 미제스(1996)는 사회적 협동에 관해 쓰고, 현대 고전적 자유주의자 애시퍼드(Ashford)(2003)가 쓰기를, 시민 사회는 '가족, 교회, 스포츠 클럽과 음악 동호회, 그리고 자선 단체 같은, 개인과 국가 사이에 존재하는 모든 자발적인 조직이다. 홀로 존재하는 개인이 자유로울 수 있다고 가정하는 것은 흔한 실수이다.' 고전적 자유주의자들은 인간들을 사회적 존재로 본다.

고전적 자유주의 국가는 제한되어 있는데, 이것은 그것이 단지 제한된 수의 공공 업무와 서비스를 수행하거나 준비해야만 한다는 점을 의미한다. 방위, 경찰 그리고 사법 외에도, 이것은 최소량의 복지 제도, 약간의 환경 규제, 혹은 시장들을 통해서는 처리될 수 없는 그 밖의 공공재를 포함한다. 고전적 자유주의자들은 국가의 정확한 크기에 관해 의견이 다르지만, 그것이 사회적 자유주의자들이 좋아할 것보다 더 작고 리버테리언 국가보다 더 크기를 선호한다.

사회적 자유주의

일반적으로, 사회적 자유주의자들은 현대 미국 의미에서 자유주의자이다. 영국에서, 사회적 자유주의 사상은 19세기에 생겼다. 무엇보다도 특히 존 스튜어트 밀과, 19세기 후기 새 자유주의자들(New Liberals)[그들 가운데는 레너드 홉하우스(Leonard Hobhouse)), 토머스 힐 그린(Thomas Hill Green), 존 홉슨(John Hobson) 그리고 데이비드 리치(David Ritchie)가 있다] 같은, 그의 후계자들이 있었다. 1970년대 이래, 존 롤스와 그의 추종자들은 전 세계 사회적 자유주의자들을 위한 지적 영감의 주요 원천이었다. 사회적 자유주의자들에게는, 리버테리언과 고전적 자유주의 사상들은 사회적 불의로 가득 찬 세계를 허용한다. 개인들은 자기들의 재능을 개발할 능력을 갖출 필요가 있고, 기술을 배우고 노동 시장에서 그리고 다른 곳에서 자기들의 타고난 재능을 사용할 올바른 지식을 얻을 수 있어야 한다. 그들은 또한 민주적 의사 결정 과정들에 충분히 참여할 수 있을 필요도 있다. 그렇지 않으면, 그들에게 자유의 사상은 그저 형식적일 뿐이고 많은 실제적 의미가 없다. 사회적 정의에 대한 이런 관심은 널리 이용될 수 있는 교육과, 불운한 사람들을 돌볼, 복지 제도(사회 보장, 공중위생)를 확실히 할 소득 재분배를 수반한다. 이것은 다른 두 자유주의가 정당하다고 여기는 것보다 훨씬 더 큰 국가 역할과 더 높은 세금 계산서들에 이른다. 사회적 자유주의자들은 자기들의 목표를 달성하는 데 자생적 질서의 힘들이 충분하다고 생각하지 않는다. 그들의 긍정적인 인간 본성관은 이성이, 결국, 감정들을 극복할 수 있다고 그들이 생각한다는 점을 의미한다. 이것은, 보통은 국가를 통해, 개인 개발의 목표를 가진, 합리적으로 건설된 공공 장치들에 대한 신뢰로 이어지는데, 사회적 자유주의자들은 이것을 자유의 진정한 의미로 본다.

리버테리어니즘

사회적 자유주의같이, 리버테리어니즘은 그것의 기원이 19세기에 있고, 예를 들어, 라이샌더 스푸너(Lysander Spooner), 허버트 스펜서(Herbert Spencer) 그리고 윌리엄 그레이엄 섬너(William Graham Sumner)의 (몇몇) 저작에서 발견될지 모른다. 리버테리언들은 국가가 너무 크게 성장하게 허용하는 데 대해―사회적 자유주의자들은 말할 것도 없고―고전적 자유주의자들을 비판한다. 대신, 생명, 자유 그리고 재산에 대한 개인 자연권들의 엄격한 보호는 정당한 사회를 확실히 한다. 자연법 사고의 현저한 흔적들이 또한 고전적 자유주의에서도 발견될 수 있지만, 리버테리언들은 그것들을 더 많은 재산권 침해를 정당화하는 것으로 생각한다. 리버테리언들은 자유로운 사람들이 자기들의 재능을 사용하여 순전히 자발적인 방식들로 협동할 수 있을 체제를 지지한다. 머리 라스바드나 한스-헤르만 호페(Hans-Herman Hoppe) 같은 몇몇은 이 사회가 모든 필요 서비스를 제공하는 데 자생적인 질서에 전적으로 의지할 수 있다고 주장하고, 그러므로 그들은 국가를 완전히 폐지하기를 원한다. 아인 랜드 같은 다른 사람들은 국가를 통하여 방위, 경찰 그리고 사법을 공적으로 조직할 필요가 있다고 생각한다. 예를 들어, 사회적 정의의 사상들을 증진하기 위해 중앙집권적으로 조직되는 자원 재분배의 필요가 있다고 생각하는 리버테리언들은, 있다고 하더라도, 거의 없다. 대신, 그들은 사회에서 혜택받지 못한 사람들을 돕는 데 자생적인 힘들과 태도들에 의지한다. 많은 리버테리언은 만약 사람들이 원하지 않는다면 그들을 특정 국가 안에 가두어 놓는 것이 부당하다고 생각한다; 그들에게는 새 정치 실체들을 형성하는 것(분리독립)이 허용되어야 한다.

IR 이론에의 적용

프리든(1996)은 국내 정치에 집중하지만, 그 세 자유주의 변형 사이 차이점들은 또한 국제 문제에 관한 그것들의 견해에서도 명백히 눈에 보인다. 예를 들면, 개인 생활에서와 세계 정치에서 국가의 역할에서, 또한 자유 무역이 국제 평화를 촉진하는지라든지, 국제 정부 조직들의 유용성이라고 주장되는 것에 관해 지속적인 자유주의 질문도 있다. 이 책은 대개 고전적 자유주의 국제 관계 이론에 집중할 것이다. 국제 관계에서 대부분 현행 자유주의 이론은, 제3부에서 논하듯이, 사회적으로 자유주의적인 경향이 있다. 리버테리언 국제 관계는 IR 이론 교과서들에서 거의 논하지 않지만, 역시 이 책의 제3부에서 논할 것이다.

자유주의와 보수주의의 차이점들

네 고전적 자유주의 사상가의 사상들에 착수하기 전에, 우리는 자유주의와 보수주의의 차이점들을 분명하게 해야 한다. 종종 자유주의와 보수주의 사이에 약간의 혼동이 있고, 특히 유럽에서 그런데, 거기서는 고전적 자유주의 성격의 정치인들이 자유주의 정당뿐만 아니라 보수주의 정당에서도 발견될 수 있다. 또한, 자유 시장 정책들은 종종 보수주의 정당들과 관련되어 있다. 정치에서 약간의 보수주의자는 자유주의 사상들을 받아들이고, 약간의 자유주의자는, 가족생활의 사회적 가치 같은, 흔히 보수주의와 관련된 사상들을 옹호한다. 보수주의와 고전적 자유주의 양쪽 다 견해들의 스펙트럼을 망라하므로, 그 둘 사이에 약간의 중복이 있게 되어 있다.

그러므로, 비교를 위해, 주류 보수주의는 여기서 에드먼드 버크(Edmund Burke), 알렉시 드 토크빌(Alexis de Tocqueville), 액턴(Acton) 경, 마이클 오크숏(Michael Oakeshott)의 저작들에서, 게다가 로저 스크루턴(Roger Scruton)의 ≪보수주의의 의미(The Meaning of Conservatism)≫(2001), 로버트 니스벳(Robert Nisbet)의 ≪보수주의(Conservatism)≫(1986) 그리고 러셀 커크(Russell Kirk)의 ≪보수주의 정신(The Conservative Mind)(1985)에서 발견되는 것으로 제시된다. 21세기 초에 인기 있었던 미국 신보수주의는 포함되지 않는다.

보수주의의 인간 본성관은 자유주의의 것보다 더 부정적이다. 보수주의자들은 인간들을 좋은 일을 할 수 있지만 종종 나쁜 짓을 하는 경향도 있는 것으로 본다. 고전적 자유주의자들과 같이 그러나 사회적 자유주의자들과 다르게, 보수주의자들은 인간 이성의 힘을 높이 기대하지 않는다. 보수주의 사상가 마이클 오크숏은 사회 공학에 근본적인 '합리적 환상(rational illusion)'에 반대했고, 이성에의 집중이 경험, 역사 그리고 도덕적 가치들을 간과한다고 믿었다(오크숏 1962). 스크루턴은 보수주의와 모든 형태의 자유주의의 주요 차이점이 보수주의자들이 개인의 자유를 정치적 행위와 정치적 사고의 궁극적인 가치로서 소중히 여기지 않는다는 점이라고 보탠다. 보수주의자들에게는, 개인은 독특하지 않고, 사회적 관습들과 사회에 의해 형성된다. 보수주의자들은 인간들이 본성상 개인이라는 점이 '자유주의 신화(liberal myth)'라고 주장한다. 개인의 자유는 절대적이지 않고, 그것이 사회 구조에 끼칠지 모르는 가능한 피해에 대비해 측정되어야 한다. 따라서, 소극적 자유는 그 자체로 목표가 아니다. 그래서, 보수주의자들은 사생활의 침해를, 만약 이것이, 국가 안전 같은, 어떤 더 높은 목표에 도달하는 데 필요한 것으로 여겨지면, 지지한다.

보수주의자들은 주로 사회에 대한 정부 간섭에 반대하지 않는다. 그들로서는, 개인과 사회는 불가분이고, 사회는 모든 사람이 자기 역할을 해야 하는 유기체이다. 질서가 중요하고, 이 사실에서 전통, 전통적인 규범들과 가치들, 습관들과 관습들에 대한 강조가 유래한다. (주요한) 미덕들을 가르치는 것은 인간 약점들을 다루는 데 도움이 될 수 있다. 정부의 첫 번째 과업은 질서를 제공하는 것인데, 그것이 입헌적으로 행해지는 한 그것은 정당성이 있다. 또 하나의 핵심 보수주의 가치는 권위의 수용과 수요이다. 사람들은 불평등하게 태어나고 지위와 재능의 면에서 불평등한 채로이다.

질서의 보존은 소규모 엘리트의 수중에 놓이고 다른 사람들이 복종해야 하는 권위와 권력을 요구한다[버크는 이것을 '타고난 귀족 정치(the natural aristocracy)'라고 불렀다]. 이 사상, 혹은 오히려 '태도(attitude)'는 가족, 교회, 학교, 군대, 길드, 기타 등등 같은 사회 제도들 안에서 촉진된다. 재산, 상속 그리고 가족도 역시 보수주의 마음에 양의 상관관계가 있는데, (자유주의자들의 경우 그렇듯이) 개인에 대한 그것들의 가치 때문이 아니라 한 나라의 사회 구조, 특히 토지 재산에 대한 그것들의 가치 때문에 그렇다.

보수주의자들은 변화를 반대하지 않지만, 질서와 사회 보호에 대한 자기들의 욕망에 대비해 변화들을 판단한다. 바라지 않은 변화는 위험하거나, 사회 파괴와 비슷하거나, 부자연하거나, 혁명적인 것으로 생각된다. 보수주의자들은 현상 유지의 옹호자가 아니고, 사회 질서를 갑자기 뒤집어엎는 것이 아니라, 느린 유기체적 변화를 지지하는데, 이것은 '시대들의 지혜(the wisdom of the ages)'의 결과이다. 이것은 포퍼(Popper)의 단편적인 사회 공학과 다르지 않고, 하이에크가 사랑한 것인데, 후자는 집합주의 정치 변경에 반대론을 주장하는 데 이것을 적용했다. 자유주의자들은 기업가적 활력, 기술적 변화 혹은 과학적 혁신이 일으키는 변화들에 관해 보수주의자들보다 더 낙관적이다.

종교는 자유주의보다 보수주의에서 더 큰 역할을 하는데, 특히 낙태, 동성애자 권리, 안락사, 등 같은 쟁점들에 관해 사회적 보수주의자들에 대해 그렇다. 보수주의자들은 그러한 쟁점들을 규제하거나 금지하는 데 국가 권력을 사용하는 것을 주저하지 않지만, 대부분 자유주의자는 이 쟁점들이 개인의 사적 영역에 속한다고 주장한다. 많은 자유주의자는 신앙심이 깊지만, 사적 영역과 공공 영역을 구별하고, 자기들의 사적 종교적 견해와 관행을 다른 사람들에게 부과하기를 원하지 않지만, 보수주의자들은 종교적 쟁점들을 공공 영역에 일으키는 경향이 있다.

보수주의자들과 고전적 자유주의자들이 자유 시장들의 중요성에 관해 의견을 같이할지 모르지만, 보수주의자들은, 예를 들면, 국가 챔피언들을 육성하거나 보호하기 위해 더 공공 간섭하는 경향이 있다. 그들은 반대 운동이 되는 경향이 있다: 좌파 다수파가 있을 때, 그들은 오른쪽으로 기울지만, 우파 다수파가 있을 때는, 그들은 왼쪽으로 기운다. 스크루턴(2017)은 믿었다: '자유주의자들은 자유를 추구하고, 사회주의자들은 평등을 추구하며, 보수주의자들은 책임을 추구한다. 그리고, 책임이 없이는, 자유도 평등도 어떠한 지속적인 가치도 지니지 못한다.'

이 책과 관련 있는 자유주의와 보수주의의 주요 차이점은 대부분 보수주의자가, 특히 신보수주의자들이, (우리가 제11장에서 볼 것이지만) 현실주의 IR 이론과 관련되어 있다는 점이다.

프리든의 이론의 면에서, 보수주의의 형태론이 표 2에 주어져 있다.

표 2 보수주의 형태론

핵심 개념들	부정적 인간 본성관, 유기체적 변화, 질서, 집단들/가족, 계층제
인접 개념들	능동 국가, 자유 시장/자생적 질서, 반대 운동, (토지) 재산
주변 개념들	개인 권리들, 자유

출처: 판 데 하르 (2015).

제1부: 사상가들[1]

---

[1] 이 부는 대개 판 데 하르(2009)에 기초해 있다. 1차 자료들의 더 상세한 참조를 위해서는 그 책을 참고하십시오. 덧붙여서 판 데 하르(2008, 2013a, b, 2022)도 보십시오.

3 스코틀랜드 계몽운동:
데이비드 흄과 애덤 스미스

책의 이 첫 부에서는, 네 위대한 고전적 자유주의 사상가, 즉 데이비드 흄, 애덤 스미스, 루트비히 폰 미제스 그리고 F. A. 하이에크의 주요 국제 관계 견해들을 검토한다. 이 장은 두 스코틀랜드 철학자를 고찰할 것이고, 두 오스트리아학파 사상가는 다음 장의 주제가 될 것이다. 제2부에서는 그들의 견해 몇몇이, 고전적 자유주의 국제 관계 이론을 세우는 것을 돕도록, 더 자세히 구체화하게 될 것이다.

  이 네 사상가에 대한 집중은, 밀턴 프리드먼이나 제임스 뷰캐넌 같은, 다른 고전적 자유주의자들의 중요성을 부정하려고 의도한 것이 아니라, 고전적 자유주의 국제 관계 이론이나 견해에 도달하려는 어떠한 시도도 그들의 견해를 고찰하지 않고는 진정으로 이루어질 수 없다는 점을 인식하자고 의도한 것이다.

  흄도 스미스도 고대 그리스와 로마 사상가들에서부터, 베이컨(Bacon)과 홉스(Hobbes) 같은, 17세기와 16세기 필자들과, 카마이클(Carmichael), 허치슨(Hutcheson), 샤프츠베리(Shaftesbury) 그리고 케임스(Kames) 경 같은, 스코틀랜드 계몽운동 사상가들에까지 걸치는, 이전 필자 세대들의 영향을 받았다는 점도 또한 인정되어야 한다. 관련된 곳에서는, 이 다른 사상가들이 언급될 것이다.

데이비드 흄(1711-76)

데이비드 흄이 철학자로서 찬양받지만, 그가 또한 국제 문제에 관해 썼고 자기 자신이 외교관으로서 경험하기도 했다는 점이 종종 간과된다. 그의 최초 공식적 국제 경험들은 1746년과 1748년에 스코틀랜드계 미국인 군인이자 정치인 아서 세인트 클레어(Arthur St Clair) 장군의 보좌역으로서였는데, 처음에는 서프랑스에 대한 임무를 띠고서 그리고 후에는 빈과 튜린(토리노)에 대한 비밀 임무를 띠고서였다. 1760년대 중반에, 흄은 파리 주재 영국 대사관에서 일했는데, 처음에는 대사에 대한 개인 비서로서 그리고 나중에는 대사관 서기관과 *부대사*(chargé d'affaires)로서였다. 마지막으로, 그는 1767년과 1768년 사이 거의 1년간 [후에 영국 외무부(Foreign Office)의 일부가 된] 북부부(Northern Department)의 국무 차관으로서 복무했다. 그러나 그는 자기의 파리 부임 전에 국제 관계에 관한 자기 저작 대부분을 출판했다.

국제 문제에 관한 흄의 출발점은 개인의 고찰로 시작되었다(또한 제5장도 보라). 그는 국가의 개념이 모든 사람에 긍정적 혹은 부정적 감정을 일으킨다고 주장했다. 그는 국민적 자부심을 가장 긍정적인 열정으로 보는데, 후자는, 풍경의 아름다움 같은, 직접적인 경험들과, 나라 농산물의 우량이나 나라 국민의 즐거움 같은, 간접적인 경험들로 일어난다. 개인들이 외국에 대한 진정한 열정을 발현시키기는 불가능하다. 개인들이, 같은 국적이건 해외로부터건, 사람들에서 똑같은 도덕적 자질을 소중하게 생각하지만, 흄은 우리가 외국인들에 대해서보다 우리 동포들에 대해서 더 가깝게 느낀다고 주장했다. 이 감정이 현대 독자에게는 아주 민족주의적인 것 같을지 모르지만, 흄은 확실히 민족주의자가 아니었고 자기의 저작에서 그리고 자기의 개인적 생활에서 여전히 국제주의자였다(판 데 하르 2008). 온건이 해결의 열쇠가 되었고, 어느 쪽으로든 극단적인 조처는 해결의 열쇠가 되지 않았다. 인간 본성에서의 변경에 의존하는 모든 계획은 실패하게 되어 있었는데, 왜냐하면 그것들이 상상에만 존재하기 때문이었다.

그것들 모두가 국가 주권에 대한 권리를 지니는 주권 국가들은 세계 정치에서 중심적인 행위자였다. 개입은 적절하지 않았고, 심지어 어느 국가의 행동이 부적당할 때조차도 그랬다. 주권은 때때로 제한되었다; 예를 들면, 어떤 나라도 바다의 소유권을 주장할 수 없었다. 그렇지만 정상 상황에서는, 국제 질서는 국가들과 그들의 상호 협력에 의존했다. 이웃 나라들은, '그들이 서로 행하는 상업의 본질에 적합한,' 좋은 관계를 유지할 의무를 지니고 있었다. 세계는 무정부 상태가 아니었고, 끊임없는 권력 투쟁이 없었으며, 대사들의 면책 특권, 선전 포고의 원칙, 독이 든 무기 사용 금지 그리고 포로들을 인도적으로 대우할 의무 같은, 협력, 외교 그리고 규칙들의 특징을 가진 (확실히 유럽에서) 국가들의 국제 사회가 있었다.

국가들의 법들은 국내 자연법들의 번역이자 부가물이었는데, 국내 자연법들은 (1) 소유의 안정성, (2) 합의에 따른 그것의 이전, 그리고 (3) 약속들의 이행이었다. 이것들은 또한 국제적으로 적용되었고, 똑같은 편익을 가졌으며, 똑같은 방식으로 작동하였다. 재산권들을 존중하지 않고는, 국제적으로 전쟁이 일반적일 것이다. 서로 동의하는 소유권 이전이 없이는, 상업이 발전하지 않을 것이다. 약속이 지켜지지 않으면, 동맹이나 조약이 쓸모없을 것이다. 흄은 이런 점에서 푸펜도르프(Pufendorf)와 흐로티위스(Grotius)의 영향을 받았다[해리스(Harris) 2015]. 그의 연구는 아마도 국제 관계에 대한 고전적 자유주의 '상향식' 접근법의 최상 표현일 것이다.

그러나 국내 정치와 국제 정치는 동일하지 않았다. 흄은 국제 무대에서 의무들이 국내 무대에서만큼 강하지 않다고 생각했다. 군주들의 도덕적 의무들이 더 약하다는 것이었다. 이것은 조약들을 무시하거나 마키아벨리적 게임을 한다는 뜻이 아니었다. 그것은 오히려 국제 규칙들이 덜 고정되어 있다는 점과, 위급한 경우들에는, 국가들이 일정 정의 규칙들 없이 혹은 조약들의 준수 없이 지내기로 결정할지 모른다는 점의 인정이었다. 이것은 오직 위급 상황들에서만 적용되게 되어 있었고 국제 사회에서 정상 사태가 되게 되어 있지 않았다. 흄(1998)은 국제법이 국내법보다 더 적은 영향력을 지니고 있지만 정상 시기에는 존중되어야 한다고 믿었다.

국제 관계에 관해 흄의 가장 잘 알려진 논문은 세력 균형에 관한 것이었는데, 그는 이것을 더 나은 국제 관리를 늘리는 국제 정치 비밀로서 칭찬했다. 그것의 중심적인 목적은 강대국의 물리력 사용을 통한 지배를, 대항 연합을 형성함으로써, 막는 것이었다. 그것은 마법적 개념이 아니라, 상식과 추론에 기초한 개념이었다. 흄은 그것이 작동하도록 확실히 하는 것을 경세가들의 의무로 보았고 오직 국내 문제들에만 집중하는 것이 심각한 의무 태만이라고 믿었다. 세력 균형이 국제 질서의 현상 유지로 끝날지 모르지만, 흄은 그것이 또한 부서지기 쉽기도 하고 때때로 전쟁과 폭력으로의 연쇄 반응을 일으킬 수도 있을 것이라는 점을 인정했다. 이 위험에도 불구하고, 그는 세력 균형이 심지어 가장 강력한 제국들조차도 제어할 수 있을 것이므로 그것을 대체로 이로운 것으로 보았다(흄 1985).

흄은 전쟁에 관해 불안했는데, 비록 그가 그것이 국제 관계에서 중심적인 특징이라는 점을 인정했을지라도 그랬다[휄런(Whelan) 2004]. 그것이 제한되어야 하지만, 그것이 사라질 것을 희망하는 것은 비현실적이었다. 전쟁은 그것이 정당화되었을 때 사용될 수 있고 사용되어야 하는데,

예를 들면, 한 나라가 다른 나라의 자유를 위협할 때였다. 자기의 자연법 자격 증명서들과 일치하게, 흄은 또한 전쟁이 정당할 필요가 있다고 생각하기도 했다. 그것은 정당화할 수 있는 이유를 지닐 필요가 있었지만, 그때조차도 지도자들은 참전하기 전에 신중해야 한다. 그는 사소한 이유들로 하는 전쟁을 잘못된 것으로 보았는데, 왜냐하면 즉각적인 효과들이 파괴적이고, 종종 다른 국가들에 파급되며, 상당한 비용을 입히고, 자유로운 상업을 해치기 때문이었다. 다른 국제법 사상가들과 비교해서, 그는 전쟁의 부정적 효과들에 더 집중했다.

제국들에 관한 그의 견해들은 수년에 걸쳐 발전했다. 그는 처음에는 유럽 제국들을, 상업 수준들을 증진하는 것뿐만 아니라, 지식, 예술 그리고 산업들을 증진하는 데서 중요하다고 보았다. 영국에서, 그는 그것들을 단지 상류층에게만이 아니라 더 많은 사람에게 기회들을 제공한다고 환영했다. 생애 후기에, 그는 정복들, 토지 몰수 그리고 식민지들에서 개인 자유에 대한 침해들에 더 비판적으로 되었는데, 하기야 그는 결코 대영 제국의 종식을 요구하지는 않았다. 그는 평등한 조건으로 하는 교환과 독립을 선호하게 되었는데, 특히 미국 식민지들과 관련하여 그러했다. 그는 그들 독립의 초기 옹호자였고 많은 건국의 아버지와 교신했다. 1775년에, 그는 자신을 '나의 원칙들에서 미국인(an American in my principles)'(흄 1932)이라고 불렀다. 그는 영국이 미국 독립으로부터 큰 영구적 경제적 혹은 지정학적 손해를 입을 것으로 믿지 않았다. 그는 평판에 손해가 있을지 모른다는 점을 인정했지만, 이것을 불가피한 것으로 여겼는데, 왜냐하면 그는 미국인들에게 전쟁에서 이길 수 없다고 믿었기 때문이다.

흄(1985)은 국제 무역의 위대한 옹호자였는데, 그는 그것을 경제 성장과 게다가 사회 및 문화 발전을 가능하게 하는 것으로 보았다. 그는 상업,

국가의 위대함 그리고 그 주민들의 행복이 관련되어 있다고 생각했다. 그는 또한 전반적인 복지가 엘리트에 대항해 더 넓은 대중에게 권력을 주는 것으로 보았다. 그에게는, 무역과 상업이 자유로운 통치와 자유를 수반하는 한, 그것들이 풍요, 장엄 그리고 군사적 성취의 원천이 될 수 있었다. 흄이 수입을 풍요의 징후로서 보았지, 국가의 복지에 대한 위협으로 보지 않았기 때문에, 그는 중상주의를 '무역의 시기(jealousy of trade)'로서 강하게 거부했고 양의 무역 수지, 즉 수입의 가치를 초과하는 수출의 가치에 찬성론을 주장하는 사람들을 강하게 거부했다. 그는 또한 한 국가에서 부의 증가가 보통 자기 이웃 국가들의 부와 상업을 촉진한다는 점에서 국가들 사이 상호 의존을 보기도 했다.

흄은 또한 해외 무역과 국제 권력이 관련되어 있다고 주장하기도 했는데, 왜냐하면 더 부유한 사회가 자기의 방위에 더 많이 지출할 수 있을 것이기 때문이다. 그러나 흄은 무역이 본질적으로 평화를 촉진한다는 관념에 의견이 달랐다; 그는 인간 본성이 무역으로 바뀔 수 없다고 믿었다. 그는 이것을 무역의 유감스러운 효과로 보았지만, 이점들이 불리들을 능가한다고 믿었다[맨저(Manzer) 1996].

흄은 아주 자기 시대의 사상가였지만 심지어 오늘날조차도 그는 온건한 사상가로 여겨질 것인데, 그는 국제 정치에서 중도(中道)를 찬성했다. 그에게는, 국가들의 비교적 질서 있는 국제 사회는 개인의 자유를 가장 잘 촉진했다. 그의 국내 정치 견해들과 그의 국제 정치 견해들은 균형 잡혀 있었고 대체로 서로 일관성이 있었다. 그는 무자비한 권력 정치를 반대했고 국제 관계를 만인의 만인에 대한 무정부 상태 전쟁으로 여기지 않았다. 그는 국제법, 외교 그리고 상업을 세계를 가능한 한 안정적으로 유지하기 위한 대체로 긍정적인 방식으로 보았다. 그는 전쟁이 불가피하다는 점을 유감으로 생각했지만, 그것이 정전(正戰) 원칙들로 제한되어야 한다고 주장했다.

애덤 스미스(1723-90)

애덤 스미스는 흄보다 조금 더 나이가 아래였지만 그 둘은 자기들의 성인 생활 동안 죽 절친한 친구였다. 그들은 서로의 연구를 칭찬했고 같은 클럽들과 협회들에 가입했다. 스미스는 종종 경제학자로 생각되지만, 그는 도덕 철학 교수였고 후에 어린 헨리 스콧(Henry Scott), 제3대 버클루 공작(Duke of Buccleuch)의 가정교사가 되었다. 이 기간은 종종 그의 *대여행*(Grand Tour) 기간으로 불리지만, 대개 프랑스에서 보냈다. 그는 자기의 사회생활을 정부를 위해 수입 관세를 징수하는 관세청장(Commissioner of Customs)으로서 마감했다. 이것은 자유 무역을 지지하는 그의 탄원들과 저작을 고려하면 역설적으로 보인다.

스미스는 세계를, 모두가 현지 변이들을 따르는 서로 다른 법률과 관습을 가지고 있는, 서로 다른 국가나 나라의 집합으로 보았다. 국가들은 인간 열정의 대상이었고 한 국가의 영예는 그 국민의 명예 일부였다. 스미스는 사람들이 외국에서 항상 쫓겨난 느낌일 것인데, 현지 사람들이 얼마나 친절하고 인간적이건 상관없이 그럴 것으로 생각했다. 그는 세계 시민권의 개념을 대개 틀린 것으로 보았고, 더 작은 사회 단위들과의 유대가 훨씬 더 중요하다고 믿었다. 바꿔 말하면, 인간들이 가족, 친구들 그리고 국가를 우선하는 것이, 그리고 또한 그 순서로 우선하는 것도, 자연스러웠다. 그는 당신 자신의 나라에 대한 사랑과 인류에 대한 사랑이 두 가지 서로 다른 것이라고 믿었다. 그것들이 양쪽 다 존재했지만, 그는 나라들이 그것들 자신을 위해 사랑받지, 더 큰 인류 사회의 일부로서 사랑받는 것이 아니라고 보았다. 스미스는 그러한 사회가 존재하는지 확신하지 않았지만, 설사 그것이 존재한다고 할지라도, 그것은 그들의 사랑을 특정 부분, 즉 그들의 국가로 돌릴 개인들에 의해 가장 잘 섬겨질 것인데, 왜냐하면 이것이 인간 애정과 일치할 뿐만 아니라 그들의 소질과 이해(理解) 안에 있기 때문이라고 확신했다(또한 제6장도 보라).

스미스는 보편적 자비의 개념이 자기의 나라를 넘어 확대될 수 없다고 믿었지만, 선의의 개념이 경계를 모르고, 심지어 전 인류를 포함하기조차 할 수 있다고 믿었다. 현명한 사람은 자기 나라의 공공선을 위해 자기 자신의 이익을 기꺼이 희생할 것이다. 오직 하나님만이, '모든 합리적이고 지각 있는 존재의 행복'을 돌볼, 우주의 '관리자이자 감독'이었다. 그는 사람을 '자기의 행복을, 자기 가족, 자기 친구들 그리고 자기 나라의 그것을 돌보는 것'에 국한했다(스미스 1982).

스미스는 국제 문제를 홉스의 만인의 만인에 대한 영구적인 전쟁으로 보지 않았다. 그는 개인의 자유에 이바지하는 최상의 길인, 안정과 경제적 개방을 얻는 데 국제 질서가 가능하고 필요하다고 믿었다. 그는 흄보다 국제법을 덜 신뢰했다. 스미스는 국제 규칙들과 규정들을 가지는 것이 좋다고 생각했지만, 국제법이-그를 위한 것이었던-오직 서로 싸우는 당사자만 처벌받을 가장 명백한 국제 정의 규칙을 얻지 못한다고 언급했다. 그는 국가들의 국제법을 완전히 준수하는 것이, 그가 죄가 있는 자로 보는, 국가들의 지도자들 대신에 아무 죄가 없는 국민이 고통받게 한다고 보았다. 스미스의 시대 동안에 ≪전쟁과 평화의 권리들(The Rights of War and Peace)≫[흐로티위스(1583-1645) 2005]이 국제법에 관해 가장 완전한 저작이었고 오늘날에도 여전히 국제법의 역사에서 중요한 교재이다. 스미스는 자연법에 기초한 규칙들과 실증법에 기초한 규칙들 사이 흐로티위스의 구별을 가치 있게 생각했다. 그는 후자가 열등한데 왜냐하면 그 국제법 규칙들이, 모든 나라에 의해 준수되지 않는 것은 말할 것도 없고, 좀처럼 모든 나라의 합의로 도달되지 않기 때문이라고 주장했다. 국가들의 법들은 '종종 그저 가장(假裝)과 공언에 지나지 않'았다(스미스 1982).

국제법의 구속력에 관한 스미스의 의심들에도 불구하고, 그는 주권 국가들이 국제 사회의 일반적인 관행들을 유지하려고 시도할 의무를 지니고 있다고 주장했다. 그는 외교를 계속되는 무역을 촉진하고 국제 통신들을 원활하게 할 방법으로 보았고, 외교관들과 그들 주거들의 면책 특권이 신성한 원칙이 되어야 한다고 믿었다. 답례로, 외교관들은 자기들의 주최국들의 기분을 상하게 하지 않도록 노력하여야 한다. 국제 통상 수준들이 증가함에 따라 잠재적인 무역 마찰들을 줄이기 위해 외교 채널들이 중요했다. 스미스는 또한 세력 균형을 국제 질서에 필수 불가결한 것으로 보기도 했지만, 그것에 관해 흄보다 덜 썼다(판 데 하르 2013a).

스미스는, 흄처럼, 전쟁을 국제 생활의 정상적인 특색으로 여겼는데, 왜냐하면 인간 동정의 원리는 무한정으로 확대 해석될 수 없기 때문이다. 사실상, 스미스(1981)는 ≪국부론≫에서 방위, 군사 조직 그리고 관련 애국적 및 군사적 미덕들의 쟁점에 관해 많이 썼다. 민병대들 대 상비군들에 관한 그 시대의 시국적 논쟁에서, 많은 친구와 그 밖의 공공 지식인과 반대로, 그는 후자를 지지했다. 그는 분업과 전문화의 원리들을 믿었고, 비정규적인 훈련을 받는 시간제 아마추어 군인들로 구성되는 민병대들이 상비군들보다 열등할 것이라고 주장했다. 나라의 방위는 잘 훈련된 전문가들이 필요했는데, 특히 화기와 그 밖의 무기들이 더 기술적으로 선진적으로 되고 있을 때 그랬다.

정전(正戰) 원칙에 일치하게, 그는 전쟁이 제한되어야 하고 그것의 발생이 도덕적으로 정당화되어야 한다고 믿었는데, 그것은 '다른 국가들에 대한 해로운 행동의 금지'(스미스 1982)로서 정의된다. 그는 전쟁이 국내 법정 소송 사건에서 같이 정당화될 필요가 있다고 믿었고 대개 흐로티위스의 정전 규칙들에 동의했는데, 이것들은 다른 국가에 의한 재산권들의 침해, 시민들의 살해, 사법에 의지하지 않는 시민들의 투옥, 영토의 침해, 계속되는 부채 지급 거부, 그 밖의 계약들의 위반, 음모들 혹은 영토들에 대한 폭력의 위협을 피하는 것을 포함한다. 그는 또한 전시 행동들이 정당화되어야 한다는 점과 민간인들이 보복 행동들로부터 보호되어야 한다는 점도 인정했다. 전쟁들이 값비쌌으므로, 스미스는 그것들이 부채를 부담함으로써가 아니라 대중이 직접 느끼는 세금으로써 지급되어야 한다고 제안했다. 이것은 확실히 그것들의 범위와 지속 기간을 제한할 것이다. 동시에, 스미스는 전쟁에 관한 모든 것이 반드시 나쁘다고 생각하지는 않았다. 전쟁을 찬성하지는 않았지만, 스미스는 전쟁이 또한 용감하고 야심 있는 사람에게 개인적 성격 형성의 기회이기도 하다는 점이 인정되어야 한다고 느꼈다. 그는 전쟁으로 인간들이 죽음의 공포를 극복할 수 있고 군인들이 자제의 중요한 미덕을 개발하게 된다고 믿었다.

    스미스는 자유 시장과 자유 무역이, 모든 사람이 자기들의 상황을 개선할, 최상의 기회들을 제공한다고 지적하면서 자유 무역 찬성론과 중상주의 반대론을 주장한 것으로 기억된다. 그는 정부 통제들과 '근린 궁핍화(beggaring thy neighbour)' 정치를 명백히 잘못되고 역효과적인 것으로 보았고 자유 무역이 영합(零合) 게임이 아닌 것으로 설명했다. 일반적으로, 왕들과 제후들의 심지어 가장 어리석은 야망조차도 상인들과 제조업자들의 시기심으로부터 나타나는 막대한 복지 손실에 필적할 수 없었다. 모든 나라에서 자유로운 상업과 무역에 대해 자유로운 접근을 가지는 것은 국민 대다수를 위한 것이었다.

그러나 스미스는 또한 무역이 국제 안정에 미치는 잠재적으로 부정적인 효과들도 인정했다. 민족 국가들이 무역을 통해 더 부유해짐에 따라, 그것들은 더 군사 장비를 살 돈이 있고, 군대들을 지원하며, 대외 전쟁들에 종사할 것이다. 국제 질서가 없이는, 개인의 자유가 번성할 여지가 덜 있을 것이다. 그는 이것을 '방위가 풍요보다 더 중요하다,'(스미스 1981)로 요약했다. 그는 외교관들과 군대의 결합 노력들이, 무역이 또한 문화 교류를 촉진하기도 한다는 사실로 도움받는, 순조로운 외국 무역을 확실히 할 것을 희망했지만, 여전히 상업 시대를 이따금 전쟁하는 시대로 보았다.

스미스는 자기의 '자연적 자유의 체제(system of natural liberty)'를 국제적으로 적용했고, 미국 식민지들의 사례에서뿐만 아니라 세계 나머지 지역에서도, 대체로 제국주의, 식민주의 그리고 노예제에 대해 적대적이었다. 그는 유럽 제국들이 주로 불의와 어리석음에 근거한다고 주장했다. 영국 동인도 회사(British East India Company)와 화란 연합 동인도 회사(Dutch United East Indies Company) 같은 배타적인 무역 회사들은 끔찍한 독점자였고, 현지 사람들을 착취하고 학대했다. 그들의 명령은 군사력에 기초하였고, 부패가 번성했는데, 특히 초라한 급료를 받는 공무원들에게 그들 자신의 사적 거래들에 종사하게 허용함으로써였다. 그는 영국 사람들이 그저 아주 조금만 더 낫거나 덜 끔찍한 제국주의자인데 왜냐하면 그들이 집행할 수 있었고 정말 집행한 몇 안 되는 규칙들이 자연적 자유를 촉진하는 쪽으로 돌려졌기 때문이라고 믿었다. 스미스는 또한 제국들을 유지하기에 값비싼 것으로 그리고 식민지들을 관련되는 모든 사람에게 불이익인 것으로 보기도 했다. 이런 이유들로, 그는 미국 독립을 지지했고, '대영 제국의 통치자들이 한 세기 이상 동안 국민을 그들이 대서양 서쪽에 대제국을 소유하고 있다는 상상으로 즐겁게 해줬다. 그러나 이 제국은 지금까지 오직 상상에서만 존재했다,'(스미스 1981)라고 썼다. 그는 미국과 영국 사이 국가 연합(federal union)의 생각을 마음에 품었지만, 이것이 영국민의 국민적 자부심을 거스를 것이라고 현실적으로 언급했다.

요약하면, 스미스는 국제적인 쟁점들에 관해 명백하게 전개된 견해들을 신봉했다. 그는 국제 문제를, 자신의 모든 긍정적 및 부정적 속성을 가진, 인간 행동에 기초한 것으로 보았다. 그의 국제관은 흄의 것에 비교될 수 있었는데, 가끔의 전쟁 발생에도 불구하고, 국제 질서와 자연적 자유를 가져오는 국가들의 국제 사회를 지지했다. 그는 자유 무역을 중요하게 보았지만, 그것이 생래적으로 평화에 이르지 않는다고 믿었고, 그는 대체로 제국들과 노예제를 반대했다.

4 오스트리아학파:
루트비히 폰 미제스와 F. A. 하이에크

자유주의 사상의 역사에서, 19세기 후반부와 제1차 세계 대전 전 20세기는 많은 나라에서 고전적 자유주의의 쇠퇴와 사회적 자유주의의 우세를 목격했다. 하나의 주목할 만한 예외는 1880년대 후기 빈에서였는데, 그때 카를 멩거(Carl Menger)는 후에 오스트리아학파 경제학(Austrian School of Economics)으로 알려지게 된 것을 수립했다. 그 뒤를 오이겐 폰 뵘바베르크(Eugen von Böhm-Bawerk)와 프리드리히 폰 비저(Friedrich von Wieser)가 이었다. 제3세대 중에서는, 루트비히 폰 미제스(Ludwig von Mises)가 아마도 가장 중요한 사상가였을 것이다. 다음에는, 그는 제4세대에 큰 영향을 끼쳤는데, 그 가운데서는 F. A. 하이에크(F. A. Hayek)가 가장 잘 알려진 구성원이었다. 경제학에 집중했지만, 오스트리아학파 학자들은 또한 더 넓은 쟁점들에도 관심을 기울였다. 미제스는 경제학을 더 큰 인간 행동 과학 일부로 보았고, 그는 그것을 인간 행동학(praxeology)(미제스 1996)이라 불렀는데, 이것은 희소 자원들의 배분에 관한 통상의 경제 논쟁들을 넘는 쟁점들을 역점을 두어 다룬다. 이 더 넓은 과학은, 국제 영역을 포함하는, 정부 그리고 더불어 살기의 규칙들에 관한 고찰들을 요구한다.

루트비히 폰 미제스(1881-1973)
양(兩) 대전 사이 빈에서는, 미제스는 가장 영향력 있고 유명한 경제학자 중 한 사람이었다. 그는 빈 상업 회의소에서 일했지만, 또한 빈 대학교에서 무급 *사강사*(Privatdozent) 직위도 보유하였다. 그는 다작의 필자였고, 영향력 있는 지위로 오를 많은 사상가를 가르쳤다. 다수의 자기 학생처럼, 그는 국가 사회주의를 피하여 뉴욕시에 머물렀는데, 거기서 그는 자기 가르침을 재개했다. 미제스는 국제 관계에 관해 두 권의 책, ≪민족, 국가 그리고 경제(Nation, State and Economy)≫와 ≪전능한 정부(Omnipotent Government)≫(미제스, 1983, 1985)를 썼고, 국제 문제를 많은 다른 논문에서 다루었다.

민족들(nations)은 국제 관계에 관한 미제스의 생각들에 중심적이었다. 산재해 있는 오스트리아 제국에서 그의 배경을 고려하면, 그가 그것들을 엄밀하게 지역으로 제한되거나 핏줄로 연결된 개념들로 여기기보다 대개 언어 공동체로 여겼다는 점은 이해할 수 있는 것이다. 미제스에게는, 민족성(nationality)의 본질은, 비록 그가 지리 같은 다른 특성들을 인정했다고 할지라도, 언어였다. 그는 공통 언어가 민족을 묶는다고 보았지만 '민족성(national character)'의 개념을 거부했다. 그는 민족주의(nationalism)가, 프랑스와 영국에서처럼, 민족의 경계와 국가의 경계가 일치하는 곳에서는 자유주의적이고 평화주의적일 수 있다고 믿었다. 이 경우들에는, 민족주의는 다른 나라들에 겨누어지지 않았다. 그러나 그는, 역시 호전적이고 제국주의적일 수 있는, 민족주의를 또한 경계하기도 했는데, 그는 이것이, 동유럽처럼, 혼합된 주민들의 지역들에서 일어난다고 믿었다. 미제스는 민족주의의 추한 측면이, 멀리까지 영향을 미치는, 자결(自決)로 해결되어야 한다고 생각했다. 심지어 수십만 명만큼 작은 집단들도 주권 국가를 형성하도록 허용되어야 한다. 이 생각들은 명백히 비판을 끌어들였는데, 수많은 국가가 끊임없이 서로의 문제들에 간섭하고, 국경들을 다투며, 지정학적 쟁점들에 영향을 받고, 종교적 충돌들을 겪기 쉽기 때문에, 미제스 체계가 무정부 상태에 이를 것이라는 비난을 포함한다.

미제스는 전쟁에 관해 정기적으로 쓰고 이야기했는데, 부분적으로 제1차 세계 대전에서 장교로서 자기의 경험들에 따라 설명했다. 그의 저작은 때때로 그가 평화주의 사상을 품고 있다는 인상을 주었지만, 그는 평생 더욱더 호전적으로 되었다. 예를 들면, 그는 제2차 세계 대전에서 중립인 채로 이기를 원하는 나라들을 경멸했는데, 왜냐하면 그는 그것을 국가 사회주의에 대한 지지로 보았기 때문이다.

스코틀랜드 사상가들처럼, 미제스는 전쟁이 철저한 인간 활동이라고 믿었다. 일정 집단들, 계급들, 인종들 혹은 국가들 사이 전쟁에 관해 불가피한 어떤 것도 없었지만, 그는 너무 많은 잠재적 전쟁 원인이 있으므로 그것이 구식으로 되지 않을 것이라고 믿었다. 전쟁 이유들은 항상 합리적이지는 않았다. 종교적 차이들에 기인하거나 민족주의적 이유들의 전쟁들이 종종 어떠한 진정한 화해의 가망 없이 수행되었다. 그는 자결에 기초한 쉬운 분리 독립에 대한 그의 제안들이 전쟁 가망을 증가시킨다는 비판을 받아들이지 않았다. 그는 또한, 사람들이 전쟁에서 이득을 얻는 것이 불가능하다고 주장한, 평화주의자들과 의견이 달랐다. 군사 장비가 자유 시장 거래들에 기초하여 획득되어야 하고, 전시 동안 중앙 조직 경제의 필요가 없었다. 미제스는 군수 산업이 전쟁 원인이 아니라, 정부 수요에 반응하는 것이라고 주장했다. 그는 무기 산업의 이익 때문에 국가들이 호전적으로 변하지는 않는다고 믿었다. 이것은 미국에서 몇몇 사회적 및 경제적 자유주의자와 현저하게 대조되었는데, 후자들은 아이젠하워 대통령이 '군산 복합체(military-industrial compex)'라고 부르곤 했던 것에 대해 경고했다.

복수의 전쟁 원인에 관한 그의 인식에도 불구하고, 미제스의 해결책은 배타적으로 경제적이었다. 이 불균형은 국제 관계에 관한 그의 견해들이 다소 제한적임을 의미했다. 그의 초점은 주로 경제적 민족주의와 보호무역주의에 두어졌고, 국제 분업을 해결책으로 가지고 있었다. 그는 사람들이 자기들 최상의 이익이 구속받지 않는 국제 거래들에, 특히 무역과 금융에 있다는 점을 깨달을 것을 희망했다. 자유 무역에 대한 그의 탄원은 거의 절대적이었고, 자유로운 노동 이동을 포함했다. 그는 인간 역사를 평화로운 자유 무역과 군국주의적인 제국주의 사이 투쟁으로 보았는데, 후자가 유감스럽게도 아주 자주 정치적 논쟁에서 이긴다. 그럼에도 불구하고, 그는 자기의 고전적 자유주의 처방이 언젠가 집행될 것이라는 희망을 간직했고, 그래서 그는 항상 이 측면에서 여전히 이상주의자였다.

미제스는 정전 전통에 서 있었지만, 호칭 '자연법(natural law)'에 관한 그의 반감으로 그는 공개적으로 그것을 받아들이지 않았다. 그는 자위를 위한 전쟁이 정당하다고 주장했고 심지어 가장 강한 통치자들조차도 정당한 전쟁 원인의 필요에 반응한다고 만족스럽게 언급했다. 그는 전쟁이 규범이기보다 예외인 상황을 창출하는 데 정전 전통이 도움이 된다고 느꼈다. 평화 시에는, 미제스는 경제에서 평평한 국제 경기장을 창설하기 위해 본국법을 지배하는 국제법을 지지했는데, 비록 그가 또한 국제법이 가장 덜 성숙한 공법 형태 중 하나라는 점을 깨닫기도 했다고 할지라도 그랬다.

처음에는, 미제스는 정치에서 세력 균형이 과거의 개념이라고 생각했다. 그의 견해는 그가 유럽 정치에서 두 경쟁하는 블록, 서구 블록과 동구 민주 연합(Eastern Democratic Union)의 형성을 제안했던 제2차 세계 대전 동안 바뀌었다(미제스 2000; 판 데 하르 2022). 그는 이것이 유럽의 재건, 세계 그리고 문명 방어를 조화하는 유일하게 합리적인 길이라고 주장했다. 그가 이것을 1941년에 썼다는 점을 고려하면, 그는 냉전 동안 유럽에서의 분열을 예상한 것 같았다. 그는 미국에 그것의 전전 고립주의 입장을 그만두고, 또한 그것 자신의 이익이기도 한, 자유롭고 평화로운 세계 질서의 수립을 선도하도록 촉구했다. 그는 세계 나머지 지역에서 무슨 일이 일어나건 또한 미국에도 큰 관심사가 될 것이라고 지적했다.

미제스는 국제 연맹에 비판적이었는데, 부분적으로 그 자신이 그것의 위원회 중 하나의 위원으로서 가졌던 경험에 기초해서였다. 1919년에, 그는 이미 그것의 실패를 예측했었는데, 왜냐하면 그것이 강압에 근거하여 수립되었고, 서투르게 조직되었으며, 자유주의에 대한 이데올로기적 기초가 없었기 때문이다. 그리고 미국은, 물론, 회원국이 아니었다. 그는 또한, 전염병, 불법 마약 거래 그리고 매춘과 싸우는 것, 국제 통계국으로서 활동하는 것 그리고 국제 지식 재산권들의 영역에서 업무를 개발하는 것 같은, 연맹의 유용한 활동들을 인정하기도 했다. 국제 연합과 그 밖의 국제 조직들에 관해서는, 그는 '정복의 정신이 국제 조직들, 조약들 그리고 맹약들의 번문욕례로 질식될 수 없다.'(미제스 1996)라고 썼다. 세계 정부는 세계 사회주의에 이를 것인데, 하기야 그가, 국가들의 공화국이 세계적 중앙 계획자나 단일 정부로 되지 않는 한, 국가들의 공화국 개념에 열려 있긴 했다.

비록 그가 클래런스 스트라이트(Clarence Streit)에 의해 제안된 민주 국가들의 (범대서양) 서양 연방 연합(Western Federal Union)의 계획들을 처음에는 싫어했을지라도, 그는 제2차 세계 대전의 절정에 이것들과 그 밖의 계획들을 지지했다. 미제스는 서유럽과 동유럽 통합의 계획들에 관해, 특히 1940년대에, 더 긍정적으로 되었다. 그가 미국에 도착한 후 그는 심지어 범유럽 운동의 위원회에서 복무하기도 했다. 결과적으로, ≪전능한 정부≫에서 그는 유럽이 다시 살짝 돌아가는 것을 막기 위해 서양 민주 국가들의 연합을, 그것이 건전한 경제학에 기초하고, 경제적 민족주의를 모르며, 무역 장벽들을 가지고 있지 않고, 관료제를 가지고 있지 않은 한, 찬성하는 주장을 했다. 이런 이유들로, 그는 마셜 계획을 반대했는데, 그가 그것을 미국 납세자들의 돈을 모든 종류의 개입주의 기획들로 잘못 돌리는 예로서 보기 때문이다. 그는 동유럽 국가들의 동구 민주 연합의 수립을 위한 자기의 계획을 고안했는데, 이것은 실제로 하나의 큰 단일 국가가 될 것이다. 이 접근법은, 아주 아마도 또 하나의 파괴적인 세계 대전의 결과일, 분리 독립에 대한 그의 더 이른 찬성론과 일치하지 않는 것 같았고, 동유럽에서 전전 상황이, 건전한 고전적 자유주의 원칙들에 따라서는 고사하고, 평화롭게 사는 데 성공하지 못한 많은 소수파와 국가에 기인한 실패작이었다는 그의 강한 확신과 일치하지 않는 것 같았다(판 데 하르 2022).

놀랍지 않게도, 미제스는 제국주의를 강하게 반대했는데, 그것이 본질상 식민지들에 있는 사람들을, 목적으로서가 아니라, 수단으로서 취급하는 집합주의 정책이라고 그가 생각했기 때문이다. 그는 또한 새롭게 독립 국가들이 된 구 식민지들에 대한 개발 원조도 반대했다. 그는 그들이 납세자에 의해 자금 지원되는 정부 대 정부 원조에 의존하게 되는 대신 사유 재산, 경제적 자유, 자본주의 그리고 기업가적 정신 같은 주요 사회 제도들을 건설하는 데 집중하기를 선호했다.

이 극히 소수의 통찰과 참고 문헌으로부터, 루트비히 폰 미제스가 고전적 자유주의 원칙들을 국제 무대에 적용하기를 진지하게 고찰했다는 점이 명백했다. 국가와 분리 독립에 관한 그의 사고들은 시간에 걸쳐 발전했고, 그는 덜 비둘기파적으로 되었다. 스무 해 이상 동안 그는 초국가적 협력과 연방이, 그것이 건전한 경제학과 그 밖의 고전적 자유주의 원칙들을 기초로 하여 행해지는 한, 불안정한 지역들에 대한 해결책이 될 수 있을 것으로 생각했다. 제2차 세계 대전 후, 그는 결코 이 주제로 돌아오지 않았고, 개발 원조의 어리석음과 같은, 세계적 국가 지배 정치에 집중했다.

F. A. 하이에크(1899-1992)

F. A. 하이에크는 아마도 20세기의 가장 중요한 고전적 자유주의자였을 것이다. 비록 노벨상 수상 경제학자였을지라도, 그의 연구는 범위에서 훨씬 더 넓었고, 정치 및 법철학, 정치학 그리고 국제 관계를 포함했다. 그의 견해로는, 또한 시사 문제에 영향을 미치려고 시도하는 것도 경제 이론가들이나 정치 철학자들의 임무였다. 국제 관계에 관한 그의 견해들은 그의 책들과 논문들에서 발견될 수 있지만, 또한 신문 의견 글들에서도 발견될 수 있다[또한 뵛키(Boettke) 2019; 버틀러 1985; 콜드웰(Caldwell)과 클라우징어(Klausinger) 2022도 보라].

미제스처럼, 하이에크도 제1차 세계 대전에서 열한 개 언어가 말해지는 오스트리아 연대에서 군인으로서 복무했다. 그것으로 그는 민족주의가 오스트리아-헝가리 제국 붕괴의 주요 이유 중 하나라는 점을 깨달았다. 이 경험은 또한 '집단(the group)'이 개인에게 중요하다는 점을 하이에크에게 강조하기도 했다. 국제 정치에서, 가장 적절한 집단은 국가였는데, 그는 그것을 '동질적 공동체(a homogenous community)'로서 생각했다. 국가는 개인 정체성의 중요한 부분이었다. 국가들은 인간 조직과 개인 충성심의 가장 중요한 원천이었다. 그는 국가들을, 언어적이고 비언어적 양쪽 다의, 똑같은 표현 양식, 의복 양식, 음식 그리고 그 밖의 특성들로 정의되는, 공통 문화와 연결했다. 그는 정체성을 인간 행동에서 강한 동기 부여 힘으로 보았다. 하이에크는 사람들이 다른 국적의 집단들에 의한 오랜 지배를 참지 않을 것으로 생각했다. 하이에크는 애국심에 대해 아무 문제도 없었지만 '민족주의의 독(the poison of nationalism)'에 관해 썼다(판 데 하르 2022).

하이에크는 여기에 소개된 네 명의 고전적 자유주의자 중 단연 가장 강경한 사상가였다. 그는 전쟁을 정규적인 정책 수단으로 여기지 않고 그것을, 인간 본성에서 비롯되는, 삶의 불가피한 특징으로 보았다. 그의 핵심은 안전 없이는 자유가 있을 수 없고, 그러므로 국제 질서가 무엇보다 중요하다는 것이었다. 그는 심지어 전시에는 기본적인 인간 자유들을 일시적으로 희생하는 것을 허용하기까지 했다. 그러나 미제스처럼 그는 전시 경제 중앙집권화의 이유를 찾지 못했다. 그는 심지어 전쟁 중인 나라에 대해서도 경제 개입을 반대했다. 말년에 하이에크는 더욱 호전적인 태도를 보였다. 여러 공동 사설에서, 그는 레이건 미국 대통령의 방위비 수준 증가 계획을 지지했고, 세계 평화가 미국이 강하게 버티는 데 달려 있다고 주장했다. 그는 핵 억지력 정책을 지지했고, 1980년 모스크바 올림픽에 대한 서방 국가들의 보이콧을 지지했으며, 이란 인질 위기에 대한 미국의 개입을 촉구했다. 하이에크는 평화주의를 전쟁의 주요 원인 중 하나로 간주했고, 아르헨티나 정부가 오래 지속된 국제법 규칙을 여러 차례 위반했다고 주장하면서, 포클랜드 전쟁 동안 영국을 지지했다. 이 의견 글들에서, 그는 개인의 자유가 국제 질서의 유지에 달려 있고, 필요한 경우 국가 폭력이 중심 역할을 해야 한다는 자기의 중심적인 주장을 반복했다. 그는 이것이 초래할지 모를 잠재적 자유 침해들에 관해 많은 다른 자유주의자보다 덜 우려했다.

하이에크의 연방제 선호는 그의 국제 사상의 또 하나의 지속적인 특징이었다(판 데 하르 2022). 1930년대에, 그는 유럽 또는 서양 연방의 가능한 형태들에 관한 논쟁에 가담했고 자기의 런던 경제 대학(LSE) 동료 라이어널 로빈스(Lionel Robbins), 서양 연방을 위한 스트라이트 계획, 그리고 심지어 프랑스와 영국을 연방제로 통일하는 노먼 에인절(Norman Angell)의 구상까지 지지했다. 하이에크는 심지어 두 나라 사이 완전한 화폐 및 경제 연합을 제안하기조차 했는데, 왜냐하면 그는 이것이 (1930년대 많은 사람에게 불가피해 보였던) 다가올 전쟁에서 승리하는 최상의 방법이라고 생각했기 때문이다. 군사 자원들의 국제적 공동 관리는 어떤 상황에서는 좋은 생각이었고 심지어 한 국가 업무들의 분권화로 이어질 수도 있었는데, 그가 국방을 국내 정치에서 중앙집권화 원동력으로 보았기 때문이다. 말년에는, 그는 이스라엘과 중동의 여러 지도자에게 예루살렘 및/또는 요르단 일부 지역, 이스트 뱅크, 그리고 이스라엘의 연방화를 위한 계획들을 제안했다. 하이에크는 예루살렘이 워싱턴 D.C.를 모델로 한 도시가 되어야 하고, 구성 회원국들의 시민들이 자유롭게 접근할 수 있어야 한다고 생각했다. 그가 이 아이디어들을 가지고 접근했던 이스라엘 정치인들은 덜 열광적이었다.

　이것 배후에 있는 하이에크의 논리는 연방화를 최후의 수단으로서, 아직 해결되지 않은 정치적 갈등에 대한 특별한 해결책으로서 간주하는 것이었다. 그는 연방을 평화로운 협동을 가능하게 하는 것으로 보았는데, 왜냐하면 연방이, 경제 연합뿐만 아니라, 방위와 외교 정책 같은 전통적인 주권 과업들에 대한 중앙 연방 통제를 상정했기 때문이다. 연방 정부의 주요 과업은 그것의 구성 지역들에 대한 가능한 피해를 수반할 조치들을 거부하는 것이었다. 이런 식으로, 비교적 질서 있는 상황이, 구성주의 선호에서가 아니라, 국제 질서를 달성할 소망에 영감을 받아, 창출될 수 있을 것이다.

하이에크가 자기의 어법에 항상 주의 깊지는 않았고, 자기 의도들에 관해 가끔 혼동을 일으켰지만, 면밀한 분석은 그가 구성주의 목표 쪽으로 돌려진 국제 조직들이나 국제법을 지지하지 않는다는 점을 보여준다. 1940년대에, 그는 국제 연합을 그것이 국제 연맹과 똑같은 문제들로 고통받는다는 근거에서 거부했는데, 그것이 너무 크고, 권력이 없으며, 지리적으로 너무 분산된 나라들을 묶는 것을 목표로 삼는다는 점에서였다. 그는 국제 조직이 세계에서 전쟁을 불가능하게 할 것으로 기대하는 것이 어리석다고 느꼈는데, 왜냐하면 국제 조직들이 또한 국제 마찰의 원천들이 될지도 모를 것이기 때문이다. 1970년대에, 하이에크는 UN을 비효과적이고 구성주의적이라고 비판했다. 놀랍지 않게도, 그는 또한 국제 노동 기구(International Labor Organization)도 비판했다. 그는 UN을 서양 자유 민주주의 전통과 마르크스주의를 혼합하려는 실패한 시도로서 보았다. 그는 모든 국제 조직에 반대하지는 않았지만, 그 소관이, 국내 상황에서 제한된 국가와 유사하게, 제한된 조직들을 선호했다.

그는 세계 인권 선언(Universal Declaration of Human Rights)이 중요한 고전적 인권들을 담고 있는 것으로 보았지만, 그는 그것이 또한 잘못 규정되고, 불합리하며, 집행할 수 없는 수많은 사회적 및 경제적 권리도 담고 있다는 점을 유감으로 생각했다. 많은 고전적 자유주의자처럼, 그는 인권들을 적극적 권리, 즉 무엇에 대한 권리로 보지 않았고, 국제법이 해를 끼치는 국가 정부들의 권한들을 제한하기만 할 것을 암시했다: '만약 최고 공통 가치들이 소극적인 것들이면, 최고 공통 규칙들뿐만 아니라, 최고 권한도 본질적으로 금령들에 국한되어야 한다.' 그는 주권과 국가의 개념이 법 실증주의자들의 도구가 되었다는 사실을 유감으로 생각했다.

하이에크는 그가 1980년대에 피노체트 장군의 칠레와 아파르트헤이트 남아프리카 공화국에 여행했을 때 비판에 노출되었다. 비록 그가 결코 이 정권들의 정치를 지지하지 않았을지라도, 그는 그것들이 중국, 리비아, 알제리 혹은 우간다의 그것들 같은 사회주의 독재 정권들만큼 나쁘지 않다고 주장함으로써 그것들을 옹호했는데, 그는 그 사회주의 독재 정권들이 그만큼 많이 비판받지 않았다고 느꼈다. 아마도 이것이 사실이었을지 모르지만, 그것은 강력한 변호가 아니었다. 그가 칠레 독재자 피노체트 장군의 경제 정책들에 열광적이었지만, 마거릿 대처가 그에 보낸 편지에서 말했듯이, 칠레가 '참으로 몇몇 경제적 성공을 겪었지만, 몇몇 그것의 다른 정책은 전적으로 받아들이기 어려웠다,'(판 데 하르 2009를 보라).

하이에크는 원칙에 입각한, 정치 및 경제 근거들에서 탈식민지화를 지지했다. 미제스처럼, 그는 정부에서 정부로의 개발 원조를 강하게 거부했고 피터 바우어(Peter Bauer)의 선구적인 연구로 영향을 받았다. 그는 나쁜 경제학이 가난한 나라들을 계속 가난하게 할 것이라고 그리고 그들이 더 부유해지는 최상의 길이 더 나은 경제 및 사회 정책들을 채택함으로써라고 믿었다. 그는 원조가 발전을 촉진하거나 빈곤을 완화하지 않고, 원조국들이 수령국들의 국내 문제에 너무 많이 간섭할 수 있게 한다고 믿었다. 하이에크는 자유 시장 자본주의가 발전을 가능하게 하는 것으로 보았고, 재산권들의 보호와 경제적 자유가 기업가적 정신을 해방하여, 혁신과 경제 발전에 이를 것으로 보았다. 그는 국제적인 부 재분배에 대한 어떤 권리도 믿지 않았고, 그것을 비도덕적인 것으로 그리고 그것의 바람직한 효과를 달성하지 못하는 것으로 보았다. 하이에크는 또한 인구 증가를 제한하기에 찬성론을 펴는 정책들을 반대하기도 했고, 자본주의가 참으로 생명을 준다고 주장하기도 했다. 이 점에서, 그는 풍요의 환경 경제학자 줄리언 사이먼(Julian Simon)의 영향을 받았는데, 후자는 만약 자원들이 인구 증가의 결과로 부족해지면, 이것이 그 문제를 해결하기 위해 대안들이나 더 나은 기술을 발견할 유인들을 증가시킨다고 믿었다. 인간 의지, 천재성 그리고 결단력이 '궁극의 자원들(ultimate resources)'(사이먼 1996)이었다.

강력한 자유무역주의자로서, 하이에크는 세계 모든 사람의 최고 물질적 복지를 달성하기 위해 모든 국제적 경제 장벽이 제거되어야 한다고 믿었다. 그는 관세 및 무역에 관한 일반 협정(General Agreement on Tariffs and Trade; GATT)의 여러 협상 라운드의 진전을 지지했는데, 이것은 무역 장벽의 하락에 이르렀다. 그는 경제적 민족주의가 전쟁에 이를 것으로 믿었고, 화폐의 비국유화에 찬성론을 펴면서, 화폐 민족주의를 경고했다(하이에크 1990).

하이에크가 이론상 개방 이민을 찬성했지만, 그는 그것이 실제로 작동하지 않을 것으로 경고했다. 그는 비교적 동질적인 영토에 들어갈 때 짧은 시간에 이민자들의 큰 유입이 끼치는 불안정한 효과들을 두려워했다. 그는 이것이 민족주의 반발들과 궁극적으로 외국인 혐오에 이를 것인데, 그것이 더 나쁘다고 느꼈다. 그가 ≪더 타임스(The Times)≫에서 일련의 공동 사설에 썼듯이, 그는 더 점진적인 이민의 정책이 이 쟁점을 다루는 최상의 방식이라고 믿었다(하이에크 2022).

결론

네 명의 위대한 고전적 자유주의자의 국제 사상에 관한 이 요약들은 필연적으로 그저 수박 겉핥기식으로 다룰 뿐이다. 인간 본성, 전쟁 종식의 가능성, 국제 질서를 보존하는 수단, 혹은 자유 무역의 정치적 효과들에 관한 그들의 견해 같은, 몇몇 그들의 근본적인 생각이 간단히 다루어졌다. 다음 부에서는, 이런 생각들이, 때때로 또한 흄, 스미스, 미제스 그리고 하이에크의 저작에 관해서도, 더 자세하게 설명될 것이다. 그것은 진정한 고전적 자유주의 국제 관계 이론의 구성 요소들(프리든의 '개념들')에 관한 제시와 분석에 이를 것이다.

제2부: 구성 요소들

5 개인들: 인간 본성, 자연권 그리고 인권

국제 관계와 외교 정책은 인간관계의 형태이다[잭슨(Jackson) 2000]. IR 학자들은, 정체(政體)들, 국제법 혹은 세력 균형 같은 제도들의 영향을 받는 국가들의 역할을 포함하나 그것에 국한되지 않는, 세계적 정치 및 경제 체제를 논한다. 참으로, 이 견해 약간은 이 책에서 다루어진다. 그렇지만, 국제 관계가 대개 사람들에 관한 것이라는 점이 망각되어서는 안 된다. 세계가 돌아가게 하는 것은 인간 행동이다.

자유주의는 국내 영역과 국제 영역 양쪽 다에서 개인주의의 정치적 표현이다. 서론에서 보였듯이, 이것은 이런 질문들을 불러일으킨다: 인간 본성과 개인 권리들에 관한 고전적 자유주의 견해는 무엇이며 이것은 국제 관계와 어떻게 관련되는가? 이 장에서는, 세 가지 관련 쟁점에 집중함으로써 한 대답이 주어질 것이다: 인간 본성, 인간 본성에 관한 고전적 자유주의 견해가 국제 관계에 관한 그것의 견해에 끼치는 결과들, 그리고 자연권과 인권.

개인주의의 정치 이론으로서, 모든 자유주의 이론은 개인으로 시작되어야 하고, 이것은 또한 국제 이론에도 적용된다. 중요한 질문은 개인이 어떻게 인식되고, 인간 본성이 어떻다고 판단되느냐이다. 한 사람의 능력들과 그의 한계들은 무엇인가? 이것에 두 측면이 있다: 육체적인 면과 정신적인 면. 전자는 주어진 것이고—모든 차이에도 불구하고—국제 이론이 구성되는 방식에 자주 영향을 미치지 않을 것이다. 후자는 더 관련이 있다.

"인간의 과학"

대부분 정치적 견해는 인간들이 어떻게 보이느냐에 달려 있다. 그들의 능력은 무엇인가-그들이 쾌활한가, 재빠른가, 강한가, 약한가, 사교적인가, 비사교적인가? 감정의, 이성의, 등의 역할은 무엇인가? 정치적 논쟁은 종종 인간 본성의 근본적인 견해 사이 투쟁인데, 다양한 정치 이론과 이데올로기가 인간 본성에 관한 서로 다른 견해에 기초하기 때문이다.

인간 본성은 계몽주의 시대 동안, 고전적 자유주의 사상의 기원으로 널리 알려진 시대 동안, 핵심 쟁점이었다. 많은 계몽주의 시대 사상가는 질문에 답하려고 하였다: 인간 본성은 무엇인가? 이것은 흄이 표현하듯이, '인간의 과학(science of man)'의 전개에 이르렀는데, 이것은 사회 세계를 이해하는 기초였고, 뉴턴 같은, 자연 과학자들이 어떻게 자연 세계에 관한 진실들을 밝혔는지에 비교되도록 의도되었다. 하나의 중요한 생각은, 사람들 사이 모든 차이에도 불구하고, 세계 여기저기에 그리고 인류의 초기 이래로 사람들의 행동들에 여전히 큰 균일성이 있다는 공유된 확신이었다. 인간 본성은 안정적인 것으로 여겨지고, 따라서 인간 본성에 관한 지식은 사람들의 행동을 설명하는 데 중요하다.

데이비드 흄과 애덤 스미스는 이 시도에 중요한 공헌을 했다. 흄은 ≪인간 본성론(A Treatise on Human Nature)≫(1738-40)을 썼고 자기 견해들을 ≪인간 이해에 관한 탐구(An Enquiry Concerning Human Understanding)≫(1748)와 ≪도덕 원칙들에 관한 탐구(An Enquiry Concerning the Principles of Morals))≫(1751)에서 더 설명하려고 하였다. 애덤 스미스는 자기 동시대인 사이에서 ≪도덕 감정론(The Theory of Moral Sentiments)≫(1759)으로 가장 유명했는데, 이것은 동정, 열정들, 미덕들, 가치와 비가치의 관념, 정의 그리고 의무 같은 모든 인간 본성 측면의 목록이다. 인간 본성의 질문은 고전적 자유주의 사상에서 여전히 초점이었다. 예를 들면, ≪인간 행동(Human Action)≫(1949)에서 루트비히 폰 미제스와 ≪자유의 헌법(The Constitution of Liberty)≫(1960)에서 F. A. 하이에크 양쪽 다 인간 이성의 근본적인 용량과 그것의 한계들에 관한 분석으로 자기들의 경제 및 정치사상을 시작했다.

고전적 자유주의 견해

무엇이 인간 본성에 관한 고전적 자유주의 견해를 구성하는가? 고전적 자유주의자들은 인간 본성에 관한 현실주의적 견해를 지니고 있다. 그들은 인간들을 집단들로 기능하고 자기들의 생존을 위해 대개 다른 사람들에게 의존하는 사회적 존재로 본다. 이것은 중요한데, 왜냐하면 비판자들은 잘못해서 고전적 자유주의를 개인주의에 관해 근본주의로 성격 규정하기 때문이다. 그러나 고전적 자유주의자들은 인간들을 이기주의적이나 원자론적으로, 단지 자신들에만 관심이 있는 것으로, 혹은 다른 사람들에 관심이 없는 것으로 보지 않는다. 그런 비판을 하는 누구든 고전적 자유주의의 위대한 저작들을 의도적으로 오도하고 있거나 읽지 않았다.

    고전적 자유주의자들은 인간 본성을 이상화하지 않는데, 이것은 그들이 어떤 더 나은 인간형을 지향하여 노력하거나 자기들의 견해를 그것에 의거한다는 점을 의미하지 않는다. 인간들은 있는 그대로 다루어지고, 인간 행동은 (위에서 언급되었듯이, 심지어 가장 강한 사람조차도 지니는 명백한 육체적 한계 외에도) 감정들과 이성의 상호 작용으로 설명될 수 있다. 고전적 자유주의자들은, 예를 들면, 많은 정보를 처리하는 능력에서, 인간 이성에 한계가 있다고, 실수들을 피할 수 없다고, 혹은 항상 감정들을 통제할 수는 없다고 생각한다. 인간들은 (다른) 동물들과 비교해 영리한 것으로 여겨지지만, 또한 실수할 수도 있고 '항상 자기들의 효용을 극대화할' 수 없기도 하다. 사실상 서로 다른 개인은 자기들의 복지와 효용에 관해 서른 다른 견해를 지닐 것이다. 인간 개인은 융통성이 있고 변화하는 상황에 적응할 수 있다. 그래서, 걸을 그저 한 인생행로만 있는 것이 아니거나, 존 스튜어트 밀이 주장한 것과 반대로, 자기의 재능들을 사용하고 행복해질 그저 한 방식만 있는 것이 아니다. 참으로, '예정된 인생행로(predestined path of life)' 같은 것은 전혀 없다.

　인간 마음의 용량은 놀랄 정도이지만, 또한 제한되어 있기도 하다. 고전적 자유주의자들은 심지어 가장 영리한 사람들조차도, 사회들은 말할 것도 없고, 경제들 같은 복잡한 체제들을 계획할 수 없다고 생각한다(하이에크 1993). 그것은 그저 실행할 수 없을 뿐인데, 그들은 이 생각들에 기초한 모든 정치 이론에 반대론을 주장했다. 공산주의와 사회주의가 가장 중요한 예들이지만, 사회적 자유주의자들도 역시 사람들의 합리적 능력에 관해 그리고 합리적으로 사회를 변경할 능력에 관해 훨씬 더 낙관적이다. 감정들은 인간 행동을 설명하는 중요한 요소이다. 흄은 심지어 '이성이 열정들의 노예이고 이어야 한다,'라고 주장하기조차 했다. 도덕, 옳고 그름에 관한 질문들은 기호와 열정에 근거하지, 합리적 설계에 근거하지 않는다고, 그는 주장했다(흄 2000).

　고전적 자유주의자들은 인간들이 항상 올바른 일을 할 수는 없다고 믿는다. 분쟁들, 투쟁들, 폭력 그리고 비도덕적 행동은 근본적인 인간 속성이다. 이것은 인간들이 항상 논쟁하고, 싸우며, 나쁜 짓을 한다는 점을 의미하지는 않는다. 대부분 사람은 자기들이 자기들의 재능들을 자기들이 적합하게 여기는 방식들로 사용할 수 있는 결실이 풍부하고 의미 있는 사회를 가능하게 하는 사회 질서를 소중하게 여긴다. 그러나 모든 인간이 어떤 더 높은 장기 목표, 예를 들면, 세계 평화를 위해 항상 자기들의 감정들을 억제할 수 있을 것이라거나, 심지어 그들이 모두 사회를 단결시키기 위해 규칙들을 지킬 수 있거나 기꺼이 지키기조차 할 것이라고 생각하는 것은 환상에 불과하다; 이 사실에서 국내 상황에서 법률 집행과 사법 제도의 필요가 유래한다. 이 근본적인 통찰은 또한 국제 관계에서 행위에 대해서도 영향들을 미친다.

국제 관계에 대한 영향들

인간들이 분쟁과 폭력을 근절하는 것은 불가능하다. 이것은 불행하지만 간단한 사실이다. 역사가 마거릿 맥밀런(Margaret MacMillan)은 전쟁이 인류 역사에서 근본적인 특성이라는 점을 보여준다(맥밀런 2020). 전쟁이 일탈이 아니고, 평화가 정상 사물 상태도 아니다. 인간 사회와 전쟁은 깊게 연결되어 있다. 만약 당신이 세계를 이해하기를 원한다면, 당신은 전쟁에 관해 알 필요가 있다. 고전적 자유주의자들은 그것을 인간 본성에 관한 자기들의 견해에 대한 증거로 여기고, 또한 폭력이 미래에 근절될 것으로 기대하지도 않는다. 이것은 고전적 자유주의자들이 폭력을 지지한다는 점을 의미하지 않는다; 그것은 단지 그들이 더 현실주의적인 인류 견해를 지닌다는 점을 의미할 뿐이다. 그들에게는, **IR**에 대한 관련 질문은 이 기본적인 인간 생활 사실을 어떻게 다루는가인데, 후자는 약간의 현대적 인간 본성 연구로 확증된다. 고전적 자유주의 국제 관계 이론은 케니스 왈츠(Kenneth Waltz)가 '첫인상(first image)' 이론, 혹은 '중요한 전쟁 원인들의 소재를 사람들의 본성과 행동에서 찾는' 이론으로 부른 것이다(왈츠 1959).

인류의 역사는, 처칠이 말했듯이, 전쟁의 역사다. 스티븐 핑커(Steven

Pinker)는 이 사물 상태가 시간의 시험을 견뎠다고 언급하는데, 그것이 국가 간 전쟁이건, 민족 간 투쟁이건, 반목들이건, 영역 싸움들이건, 기타 등등이건 상관없다(핑커 2002). 그는 '폭력이 인간 본성과 관계없고 우리 바깥의 악의 있는 요소들에 의해 가해지는 병리이다,'라는 널리 인정되는 주장에 반대론을 주장한다. 핑커에게는, 폭력은 배운 행동이 아니다; 그것은 인간 설계의 일부이다. 비록 사회 및 정치 문제들도 역시 한 역할을 한다고 할지라도, 누구든지 인간 마음을 철저하게 이해하지 않고는 폭력을 이해할 수 없다.

차후의 책에서, 스티븐 핑커는 만약 누구든지 인간 역사를 길게 본다면 (사적으로와 공적으로 양쪽 다의 국내 폭력과 국제 폭력을 포함하여) 일반적으로 인간 폭력의 사용이 감소했다고 주장했다(핑커 2011). 이 폭력 감소는, 국가들이 정한 규칙들을 포함하여, 사람들에게 덜 폭력적으로 행동하도록 장려한 많은 외부 요소와 제도에 기인한다. 그러나 더 적은 폭력이 무폭력을 의미하지는 않는다. 대조적으로, 맥밀런은 핑커의 이론에 대한 증거가 여전히 논쟁의 여지가 있음을 지적한다. 설사 그가 옳다고 할지라도, 그것은 안심시키지는 않는데, 왜냐하면 전쟁에 기인하는 사망자들의 수가 여전히 어마어마하기 때문이다. 맥밀런은 1989년과 2017년 사이 200만 명 이상이 전쟁의 결과 죽었고, 1945년 이래 약 5,200만 명이 폭력적인 분쟁 때문에 도망치지 않을 수 없었다고 추정하는 스웨덴 웁살라 대학교(Swedish Uppsala University)의 장기 프로젝트를 언급한다. 바꿔 말하면, 전쟁은 여전히 현실적이고, 우크라이나에서 현 전쟁이 매우 명백하게 하듯이, 그것은 개발 도상국에 국한되어 있지 않다.

이 질문을 다른 각도에서 접근하면, 생물 인류학 교수, 리처드 랭엄(Richard Wrangham)은 인간들이 수십만 년 동안 인간 길들이기 과정을 거쳐 그들이 같이 살 수 있게 되었음을 인정한다. 죽음들의 비율에서뿐만 아니라 인간 폭력에서도 감소가 있었다. 그렇지만 그것은 동전의 단지 한 쪽이다. 인간들은 여전히 위험한 종이어서, '강한 제도들, 즉 군국주의 철학들의 대두, 과도하게 낙관적인 평화주의의 보급 그리고 권력의 남용을 진정시킬 경보 참여'(랭엄 2019)가 필요하다. 인간들은 낮은 반응적 공격 성향과 높은 주도적 공격 성향을 지니고 있다. 이것은 사람들 사이 장기간의 평화가 예측력을 지니고 있지 않다는 점을 의미한다. 조직 폭력에 대한 인간 능력이 시간에 걸쳐 감소했을지 모르지만, 그 점은 그것이 언젠가 곧 사라질 것이라는 점을 의미하지는 않는다.

그러므로, 고전적 자유주의자들은 예견할 수 있는 미래에 집중하기를 선호한다. 로젠(Rosen)((2005), 세이어(Thayer)(2004) 혹은 루빈(Rubin)(2002) 같은, 특히 국제 문제에 집중하는 저자들은 동의한다. 그들은 생물학적 및 인식적 요인들이 인간 행동, 특히 정치 지도자들의 그것을 예측하는 데 중요한 역할을 한다고 강력히 주장한다. 그것은 20세기의 시작 이래로 종종 그랬듯이 '정치적으로 올바르지 않은(politically incorrect)' 것으로 무시될 수 없다. 세이어가 강조하듯이, 진화 이론은 인간 행동에 대한 증거를 제공한다. 그것은 특정 사건들을 예측하지는 않지만, 우리가 그러한 사건들, 특히 전쟁의 기원들과 원인들을 이해하는 것을 돕는, 인간 행동에 대한 통찰들을 준다.

또한 우리가 언뜻 보기에는 구식이라고 여길지 모르는 측면들에 관계가 있는 현대 연구도 있다. IR 학자 마이클 도닐런(Michael Donelan)은, 지위, 명성, 찬양, 영광, 위신 혹은 존경 같은, 현대 대안들 아래에서 더 잘 알려진, 외교 정책에서 명예의 지속적인 역할에 관해 흥미로운 책을 썼고(도닐런 2007), 크리스토퍼 코커(Christopher Coker)는 전쟁에서 문화와 진화의 중요성을 지적했다(코커 2014). 이 모든 것은 인간들이 국제 관계에서 불가피한 전쟁 및 폭력 분출들을 처리해야 한다는 고전적 자유주의 견해를 확증한다.

자연권과 인권

또한 '국제(the international)'와 '개인(the individual)'이 교차하는 다른 방식들도 있다. 고전적 자유주의자들은 개인 권리들의 중요성을 믿고 이 권리들을 소극적 본질인 것으로 보아서, 그들은 국가와 개인들이 재산, 표현의 자유, 종교, 결사의 자유, 등등에 대한 개인들의 권리들에 간섭해서는 안 된다고 주장한다. '소극적 권리들(negative rights)'이라는 용어의 사용은 이 권리들의 가치 판단이 아니라 단지 국가나 개인들이 해서는 안 되는 것을 제안할 뿐이다.

19세기와 20세기에서는, 적극적 권리들로 알려진 다른 권리들이 추가되었는데, 국가와 개인들을 억제하는 소극적 권리들과 대조적으로, 이 '적극적 권리들(positive rights)'은 국가에 행동을 취하도록 요구했기 때문이다. 예들은, 취업에의, 사회 보장에의, 보건 의료에의, 혹은 정기 휴일들에의 권리를 포함했다. 자유주의 안에서는, 이 권리 대부분은 사회적 자유주의와 관련된다. 그것들은 종종 고전적 인권들의 침해를 요구한다. 예를 들면, 정부가 이 권리들의 집행을 재정 조달하기 위해 세금들이나 단체 보험료들을 요구할 때, 그것은 재산에 대한 권리를 침해한다. 이것은 고전적 자유주의자들이 모든 세금을 반대한다는 점을 의미하지 않는다. 사실상, 고전적 자유주의자들은 국가가 무엇을 제공해야 하고 그것이 지방, 국가 혹은 초국가 중 어느 수준이어야 하는지에 관해 자신들 사이에 의견이 다르다. 그러나 대부분 사람은 국가가 법 집행, 사법부 그리고 국방에다가 제한된 수의 다른 과업, 예를 들면 (기초) 교육, 환경 보호 그리고 보건 의료와 사회 복지 분야에서 보험을 들 수 없는 위험들에 대한 보호도 제공해야 한다는 점을 인정한다.

권리들은 결코 절대적이지 않다; 한 사람의 자유는 다른 사람의 자유가 시작되는 곳에서 끝난다. 1859년에, 존 스튜어트 밀(John Stuart Mill)은 이것을 '피해 원칙(harm principle)'(밀 1989)으로 불렀다. 유명한 예를 들면, 의견의 자유는 당신이 매진된 극장에서 '불이야, 불이야,'를 외침으로써 공황과 큰 혼란을 일으키는 것을 허용하지 않는다.

이 논의는 국제 관계에 어떻게 관련되는가? 인권들의 보호가 대개 국내 정치의 문제가 아닌가? 그것이 사실이지만, 또한 큰 국제적 성분도 있다. 맨 먼저, 인권들은 세계 인권 선언(1948)이나 유럽 회의에 의한 더욱 광범한 유럽 인권 협약(1950) 같은 국제 조약들에 기록된다. 또한 전 유고슬라비아에 대한 임시 국제 형사 재판소나 상설 국제 형사 재판소 같은, 국제 인권 법원들과 재판소들도 설립되었다.

또한 국제 의제에서 인권들의 외국 보호(혹은 집행)에 관한 질문들도 있다. 한 나라의 국민을 그들의 정부가 학대하는 것은 국제 공동체의 관심사가 되어야 하는가? 권리들이 침해되는 국민을 대리하여 [다른] 국가들이 개입해야 하는가? 독재자들이 자기들의 국민을 죽이거나 집단 학살이나 관련된 학대들을 저지르는 경우 군사 개입에 관해서는 어떤가? 국제 연합은 이것을 보호할 책임(Responsibility to Protect) 원칙, 혹은 R2P로 부른다(국제 연합 2021).

인권들이 국제 관계에서 역할을 하는 또 하나의 방식은 이민과 국경 개방의 질문에 관한 것이다. 지구상 모든 사람이 자기들이 좋아하는 어느 곳에든 자유롭게 이동해서 정착하는 권리가 있어야 하는가? 이 모든 질문에 관한 고전적 자유주의 시각이 차후의 장들에서 다루어질 것이다.

6 집단들: 민족들, 국가들, 주권 그리고 이민

고전적 자유주의자들은 인간들을 집단들로 사는 사회적 존재로 여긴다. 그래서 집단들은 국제 무대에서 무슨 역할을 하는가? 이것은 (고전적 자유주의) 국제 관계의 이해를 위한 중요한 질문이다. 이 장에서는, 세계 정치에서 가장 중요한 집단들이 소개될 것이고, 게다가 국가들이 국제적으로 조직될 수 있는 많은 방식도 소개될 것이다. 덧붙여서, 몇몇 중요한 관련 개념이 소개될 것이다: 민족들, 국가들 그리고 나라들; 제국들과 연방들; 민족적 자부심과 민족주의의 개념들; 외교의 역할; 그리고 주권의 개념. 마지막으로, 이민의 쟁점, 혹은 한 집단을 떠나 다른 집단으로 가기 위한 욕망이 논의된다.

국제 정치는 보통 "우리"와 "그들"의 고찰, 즉 개인들의 서로 다른 집단 사이 관계를 포함한다. 국제 관계에 연루된 개인들은 거의 항상 집단들, 특히 국가들을 대표한다. 국가들과 고전적 자유주의 사이 관계는 종종 논의되지 않고, 확실히 IR 맥락에서 논의되지 않는다. 한 예외는 콘웨이(Conway)(2004)인데, 그는 모든 인간의 평등한 도덕적 지위와 그들이 특수주의적 민족주의 애착 및 제휴를 향유하는 것 사이에 양립 가능성이 있다고 주장한다. 몇몇 독자는 고전적 자유주의자들이 세계 정치에서 반드시 개인을 수위(首位)의 행위자로 보지 않고 오히려 개인들과 그들의 자유를 대표해서 행동하는 (민족) 국가를 수위의 행위자로 보는 점을 알고서 놀랄 것이다.

국제 무대는 정부 및 비정부 국제 행위자들, 기구들과 제도들, 그리고 국내 행위자들 및 제도들, 게다가 국제 및 국내 규칙들, 정치들과 법률들의 혼합이다. 국가 대표들은 종종 두 영역 사이 중개자이지만, 또한 국제 관료제들에서 국제 관료들도 있다. 일반적으로, 민족 국가들이 여전히 권력 대부분을 차지하고 있다.

민족, 국가, 나라

그것은 아무리 강조해도 지나치다고 할 수 없는데, 왜냐하면 그것이 아주 많은 오해의 원인이기 때문이다: 인간 본성에 관한 고전적 자유주의 견해는 인간들을 사회적 존재로 보지, 비판자들이 주장하듯이, 자신들에 관해서 생각하고 오직 자신들만 돌보는 외로운 은둔자로 보지 않는다는 점. 이것은 그들의 '개인성(individuality)'에도 불구하고, 개인들이 집단들을 형성하기 위해 다른 사람들과 협동한다는 점을 의미한다.

일반적으로, 어떤 개인에 대해서든 수위의 집단은 그들의 핵가족인데, 이것은 누구든지 태어난 자연적인 집단이다. 그것은 대부분 사람에게 가장 연약한 해[年]들이나 상황들에서 보호를 제공한다. 결손 가정들 그리고 학대와 그 밖의 사회적 문제들로 고통받는 사람들은, 다행히, 여전히 소수이다. 거기서부터, 개인들은 자기들의 대가족들, 친구들, 이웃들, 마을들, 읍들, 지역들이나 도들, 그리고 민족이나 나라와, 종종 더 약하나 여전히 중요한, 유대를 형성한다.

흄은 민족들이 모든 사람에서, '민족적 자부심의 열정'을 포함해서 열정들을 기른다고 언급했다. 그는 자기들에게 자기들의 민족이 중요치 않은 사람들이 거의 없다고 관찰했고, 1751년에는 '나는 나의 나라를 위해, 기쁘게 한 방울의 잉크나 피를 흘리겠다,'(흄 1932)고 쓰기조차 했다. 민족에 대한 감정은, 부정적으로와 긍정적으로 양쪽 다, 인간 행위를 위한 강한 동기 부여 힘이다. 그렇지만 그는 자기 소론 ≪완전한 국가의 개념

(Idea of a Perfect Commonwealth)≫에서 경고했다: '인류의 예절에서 큰 변화를 가정하는 모든 통치 계획은 명백히 가상적이다,'(흄 1985).

스미스는 민족들이 동정에 기초하여 단결한다는 점을 대개 인정했고 강조했다. 그렇지만 사람들은 친척들, 친구들 그리고 나라를 먼저, 그 특별한 순서로 둘 의무를 지니고 있다. 그의 마음에는, 당신 자신의 나라에 대한 사랑과 인류에 대한 사랑 사이에 차이가 있었다. 전자는 자연적이고 실행 가능했다; 후자는 단순한 인간들에 대해서는 불가능했고, 그러므로 신에 맡겨져야 한다. 언어 및/혹은 문화 계승으로 정의되는 문화 단위로서, 민족이나 나라는 동정과 집착의 감정을 일으키는 가장 큰 집단이었다.

누구든 세계의 다른 지역들에 있는 사람들에 대해 안됐다고 생각할 수 있지만, 이 감정은 종종 일시적이다. 스미스는 중국에서 지진의 예를 들었다: 처음에는, 사람들은 그러한 자연재해를 들어 알고서 충격을 받을 것이지만, 그들은 또한 매우 빨리 자기들 자신의 삶을 영위해 나가기도 할 것이다. 그들은 자기들 부근에서 일어나는 비교적 사소한 사건들에 훨씬 더 관심을 가진다. 이 예로부터 통찰은 우리의 시대에, 예를 들면, 사람들이 전 세계적인 자연재해들에 반응하는 방식으로 확인된다. 처음에, 우리는 충격을 받고 구제를 제공하는 조직에 약간의 돈을 기부할지 모르지만, 며칠 지나면, 그 재해는 더 이야기되지 않는데, 비록 그 효과들이 당해(當該) 사람들에게 여전히 매우 현실적이라고 할지라도 그렇다.

우리가 보았듯이, 미제스는 민족에 대한 감정이 어떤 개인이든 그의 가장 강렬한 감정에 속한다고 여겼고 민족 그리고 관련 쟁점들에 관해 두 권의 책, 즉 ≪민족, 국가 그리고 경제≫(1919)와 ≪전능한 정부≫(1944)를 썼다. 그는 개인적으로 평생에 걸쳐 민족주의의 부정적 결과들을 느꼈지만, '민족 없는 세계(nationless world)'의 개념을 전혀 지지하지 않았다.

그가 선호하는 해결책은 스스로 독립 국가를 형성할 만큼 충분히 큰 집단들의 분리에 있었고, 따라서 더욱더 많은 국가의 세계에 찬성론을 폈다. 하이에크는 이것에 관해 확신을 덜 가졌지만, 민족에의 감정적 애착을 개인 정체성의 중요한 요소로 보았다. 하이에크에게는, 민족 국가는 국제 정치에서 적절한 집단이었다. 그는 이것이 근본적이라고 생각했는데, 왜냐하면 사람들은 다른 민족의 사람들 집단이 가하는 오래 계속되는 지배를 참지 않을 것이기 때문이다. 스미스처럼, 하이에크는 인간들이 더 멀리에서 사는 사람들에 대해 더 약한 감정적 유대를 지니고 있고 깊은 책임감이 없다고 주장했다. 그는 민족들이 비교적 평화롭고 질서 있게 함께 사는 것이 때때로 불가능할 것임을 인정했다. 그러한 사례들에서는, (국가 간) 연방이 해결책일지 모른다(또한 판 데 하르 2022도 보라).

민족(nation)이 항상 국가(state)와 같은 것은 아니다. 차이점들은 모호하지만, 대체로, 국가는 정치적 단위이고 민족은 문화적 현상이다. 국가의 경계는 민족과 좀체 완전히 들어맞지 않는다. 종종 한 국가 안에 더 많은 민족이 살고 있거나 국경을 넘는 쟁점들이 있다. 국가 없는 민족, 쿠르드족의 처지가 생각난다. 옛날 고전적 자유주의자들은, 비록 그들이 일본, 중국 혹은 샴(타이랜드) 같은 민족들을 포함했다고 할지라도, 대개 '옛날 서유럽'을 염두에 두고 글을 썼다. 그러나 독일과 이탈리아 같은 나라들은 그저 19세기 후기에 통합되었을 뿐이다. 모든 국가는 자기 자신의 역사를 지니고 있다. 국가로서 지위는 신화들을 이야기함으로써, 공식적 교육, 민족적 상징들의 도입 그리고 공유되는 민족사의 개념을 통해서 촉진된다. 또한 민족들과 국가들에 관한 우리의 현 이해가 유럽 중심의 베스트팔렌 견해에 근거한다는 점도 인정되어야 한다. 아프리카나 중동 같은 세계 다른 지역들에서는, 국가들은 식민 강국들에 의해, 종종 자기 민족 중심적

충성심들을 무시하고서, 지도들에 거의 무작위적인 선들을 그음으로써 창건되었다.

국제 문제에서 집단들이 중요한 행위자라는 점을 부정할 수는 없다. 이 집단들이 개인의 자유를 대신하여 행동하거나, 개인의 자유를 위해 싸우는 한, 고전적 자유주의자들은 그것을 인정하고 지지한다. 많은 고전적 자유주의자의 눈에는, 인간 본성, 문화 공동체로서 민족 그리고 국가들 사이에 자연적인 관계가 있다. 세계는 국가들에 의해 지배되고 그것들은 국제 관계에서 수위의 행위자이다. 고전적 자유주의자들은 이것을 사실로 받아들이고 국가들을 국제 수준에서 자연적 정치 단위로 여기는데, 왜냐하면 마음속으로는 이것이 보통 개인의 감정적 애착들에서 나오기 때문이다. 많은 사람은 '인류에 대한 사랑(a love of mankind)'에 우선하여 스미스의 '당신 자신의 나라에 대한 사랑(love of your own country)'을 공유한다.

민족적 자부심과 민족주의

나라들이나 국가들이 정치 단위이지만, 그것들도 또한 대부분 사람에서 열정을 일으킨다. 반면, 민족이 굴욕을 당할 때, 예를 들면, 전쟁에서 질 때, 부정적 감정이 발생할지 모른다. 스미스는 대부분 사람이 외국에서, 현지 사람들이 얼마나 예의 바르고 친절하건 상관없이, 소외감을 느낀다고 생각했다. 하이에크는 사람들이 다른 민족의 집단들에 의한 어떠한 장기 지배도 참지 않는다고 생각했다. 이 일반론들이 꽤 오래전에 이루어졌지만, 그것들이 서술하는 감정들은 아직도 아주 인식할 수 있다. '자기들에게 자기들의 나라가 어떤 기간이건 전적으로 중요치 않은 사람들은 거의 없다,'는 흄의 결론은 여전히 타당하다(흄 2000).

민족에 대한 이 감정들은 – 고전적 자유주의자들의 눈에는 – 19세기 후기부터 남용되었는데, 그때 그것들은 민족주의 상승의 초석이 되었다. 맹목적 애국주의(chauvinism)는 그저 자기 민족의 자질들과 업적들의 해가 없는 과대평가일 뿐이었다. 그러나 민족주의는 집합주의 사상이다. 그것은 집단의 복지를 개인의 자유 위에 놓는다. 그러므로, 그것은 전혀 고전적 자유주의 국제 관계 이론의 일부가 될 수 없다.

주권과 외교

국가들은 서로 어떻게 관련되어 있는가? 여기서 우리는 주권의 논의를 간단히 다루는데, 잭슨(Jackson)(2007)은 그것을 다음과 같이 정의한다:

> 우리가 국가들이라 부르는 경계를 이룬 영토 *조직*들에 구현된 권위의 개념이고, 국내와 외국 양쪽 다, 그것들의 다양한 관계와 활동에서 표현된다. 그것은, 16세기와 17세기 유럽의 종교적이고 정치적인, 논쟁들과 전쟁들에서 생긴다. 그것은 근대 시대의 근본적인 권위 개념이 되었는데, 아마도 가장 근본적일 것이다.

주권은 국가의 최고 권위와 지리적으로 분리된 국가들의 정치적 및 법적 독립 양쪽 다를 지칭하는 개념이다. 그것은 특정 국가들 안에서 정부들과 시민들 혹은 신민들의 권리들과 의무들에 관한 개념이다. 그렇지만 그것은 또한 국제 관계에 관한 개념이기도 하다. 국가들은 서로 관련되어 있고, 각각은 자기 자신의 영토를 점유한다. 그것들은 외교나 그 밖의 국제 관계 형태들을 통해 서로를 다룬다.

많은 고전적 자유주의자는 주권에 관심을 가지는데, 그것이, 무엇보다도, 생명, 자유 그리고 재산의 보호 수단이기 때문이다. 국가들의 체제 안에서, 주권의 개념은 규제 조치이다; 국가들은 서로의 주권을 존중해야 하고, 그러므로 국제적 무정부 상태를 예방한다. 그것은 국제 관계에서 국가들과 그것들의 주민들을 서로에 대해 보호하는 중요한 제도이다. 그것은 또한 더 작은 국가들의 권리들을 더 크거나 더 강력한 국가들에 대비해 안전하게 하는 것을 돕기도 한다.

물론, 주권이 항상 긍정적인 개념만은 아니다. 자기 나라를 잘못 관리하고 자기 국민의 자유를 침해하는 통치자들의 많은 예가 있다. 그러한 통치자들은 외국 정부들이 어떤 식으로든 간섭해서는 안 된다고 말하는데, 왜냐하면 그것이 자기들 주권의 침해일 것이기 때문이다. 고전적 자유주의자들은 이 부정적인 면을 인정하지만, 모든 것을 감안할 때, 안정적인 국제 질서의 형태로 이점들이, 특히 개인의 자유를 촉진하는 데, 그 특정 나라의 주민들에 대한 유감스러운 불리들보다 더 크다고 생각한다. 물론, 만약 나라들이 자기 국민을 억압하거나 살해하면 그것들은 항상 외국 군사 개입의 위험을 무릅쓴다. 이것은 다음 장에서 다룰 것이다.

외교관들은 주권 국가들 사이 관계를 유지하기 위한 주요 경로이다. 스미스와 흄은─주재 혹은 여행─대사들의 역할을 나라 지도자들 사이 의사 전달의 경로로서 소중히 하였다. 그들의 활동들을 원활히 하기 위해 특권들과 면제들이 부여되어야 한다. 왓슨(Watson)(1982)이 지적했듯이, 외교는 주재 대사관들과 전문 직업적 외교관 근무들 훨씬 이상이다. 오늘날, 비정부 기구들 같은 더 많은 경로와 행위자가 국제 대화에 연루되어 있지만, 외교관들은 자기들의 중요성과 적실성을 유지했다. 우리의 현대 세계가, 특히 교통, 매체, 지도자들의 회합들 그리고 그 밖의 의사 전달 수단들의 면에서, 아주 다르지만, 외교관들의 역할은 그것의 핵심에서 여전히 안정적이었다. 외교관들은 다른 사람들에게 닫혀 있는 채로인 문들을 열고, 나라들 사이 관계를 원활히 하려고 시도한다. 그들이 최고위 정부계에 접근할 수 있어서, 그들은 그 과정에서 국가 이익들을 돌보면서 잘못된 의사 전달을 예방할 수 있다.

제국

제국들은 오랫동안 전 세계에서 지배적이었다; 예를 들면, 중국, 몽골, 혹은 스페인과 포르투갈 제국들에 의해 정복되기 전의 라틴아메리카 제국들. 역사적으로, 유럽 제국들이 가장 지배적이었고 그것들의 흔적이 아직도 발견될 수 있는데, 카리브해에서 프랑스, 영국 그리고 화란 섬들에서와 같다. 19세기 '아프리카 쟁탈(scramble for Africa)'에서, 독일인들, 이탈리아인들 그리고 벨기에인들도 역시 자기 역할을 했고, 러시아 제국은 내륙에 갇혀 있었다.

우리가 보았듯이, 당시의 미국 독립 쟁점에 관해, 흄과 스미스는 미국인들을 지지했다. 양쪽 다 다른 제(諸)국민을 지배하는 것이 올바르지 않다고 믿었다. 그들은 또한 유럽 강국이 세계의 다른 지역들에 건설하고 있던 제국들을 지지하지 않기도 했지만 강경하게 목소리를 높이는 반대자는 아니었다. 스미스는, 사실상 유럽 제국들의 전 지역을 통치하고 현지 주민들을 나쁘게 대우하고 있던, 화란 동인도 회사 같은, 독점 무역 회사들에 대한 반대론을 정말 주장했다. 그것들은 그저 자기들의 무역에 집중했을 뿐이고 좀체 국민에 관심 두지 않았다. 20세기에, 전후 탈식민지화 동안, 하이에크와 미제스는 민족주의와 제국 사이 명백한 관계를 보았다. 제국을 유지하기를 원하는 사람들은 종종 '모국을 위대하게 유지하기'의 면에서 주장했다. 이것은 집합주의 사고방식인데, 고전적 자유주의자들은 그것을 논박한다. 전(前) 식민지들의 모국과의 유대들은 제국을 유지하는 데 달려 있지 않다. 다른 민족들과 그들의 국민을 지배하는 것 그리고 그들의 (천연) 자원들을 빼앗는 것은 나쁘다. 그것은 비윤리적이고 고전적 자유주의자들에 의해 계속해서 반대된다.

또한, 고전적 자유주의자들은 다른 나라들을 지배할 권리를 지니는 '최고의(supreme)' 나라들이 있다고 생각하지 않는데, 그들이 국내 상황에서 다른 사람들을 지배할 권리를 지니는 타고난 지도자들이 있다고 생각하지 않는 것과 똑같다. 그러므로, 오직 자발적인 협정들과 조약들만이 국제 관계에서 나라들 사이 거래 관계의 타당한 기초를 형성할 것이다. 이것에 기초하여, 고전적 자유주의 경제학자 디펙 랄(Deepak Lal)은 그의 《제국들을 찬양하며(In Praise of Empires)》(랄 2004)에서 제국들이 평화와 번영에 필요한 질서를 제공하는 데서 행하는 역할이라고 자기가 보는 것을 그가 지적할 때 너무 긍정적인 것으로 여겨질 것이다. 이것은 역사상 몇몇 시점에서 몇몇 제국에 사실이었을지 모르고, 서양 제국들이, 적어도 약간의 사람을 위해, 좋은 교육, 보건 의료 그리고 사회 기반 시설을 도입한 어떤 식민지들에서는 그것을 간과하기 쉽지만, 똑같이 다른 식민지들에서는 압제와 풍부한 토착 문화의 손상에 관한 이야기들이 있다. 다른 사람들에 대한 자의적 지배는 절대 고전적 자유주의 국제 사고의 일부가 될 수 없다.

연방

많은 고전적 자유주의자에게 국가가 세계 정치에서 수위의 행위자이지만, 주권 국가들이 그저 평화로운 방식으로 사이좋게 지내지 않고 너무나 자주 전쟁을 수행할 뿐인 상황들이 있다. 그런 사례들에서는, 고전적 자유주의자들은 연방을 형성하는 것이 더 낫다고 생각하는데, 거기서 민족 국가들은, 경제적이건, 군사적이건, 정치적이건 혹은 이 셋의 결합들이건, 자기들의 권력을 약간 공유한다. 그 생각은 세계 정부를 창설하거나 민족 국가들을 폐지하는 것이 아니라, 오히려 국제 안정에 대한 수단으로서 국가 간 연방을 도입하는 것이다. 많은 형태의 연방이 있지만, 예를 들면, 프랑스와 독일 사례에서는, 80년간 세 전쟁(1870, 1914, 1940) 후에 무언가 행해져야 한다는 점이 명백했다. 그들에게는, 유럽 공동체들은 그 방향으로의 한 걸음이었다.

전에 언급했듯이, 제2차 세계 대전 전과 후 양쪽 다, 하이에크와 미제스는 이 쟁점에 관해 광범위하게 썼다(판 데 하르 2022). 미제스는 동유럽에 대한 온갖 종류의 연방 기구들을 전개했고, 한동안 범유럽 운동의 활동적인 일원이었으며, 또한 서유럽에 대해서도 연방 기구들을 지지했는데, 이 연방들이 건전한 경제학에 기초하고 무역 장벽들이나 큰 연방 정부를 지니지 않는 한 그랬다. 하이에크가 이 논쟁에 참여했고 평생, 중동에서의 연방들을 포함해서, 연방들의 유용성을 많이 생각해 보았다. 영국에서는, 연방에 관한 논쟁은 대영 제국의 연방화를 위한 19세기 후기 제안들에 근거하였다. 고전적 자유주의 견해에서는, 연방들은 민족주의, 종교 혹은 다른 요인들이 민족 국가들의 국제 체제에 위협을 제기하는 곳에서 최적이 하지만 최후 수단 해결책일지 모른다는 점을 언급하는 것이 중요하다.

또한 국제 무질서에 대한 이 고전적 자유주의 연방 해결책이 쉽게 실행되지 않는다는 점이 인정되기도 해야 한다. 상향식 주권 공동 관리가 실제로 어려운 것으로 드러나고, 고전적 자유주의자들이 항상 서로 의견이 일치하지도 않는다. 어떤 사람들에게는 유럽 연합은 그것이 시장 자유화를 지지하는 주권 국가들 사이 연방과 협동의 독특한 혼합으로 진화했으므로 훌륭한 모범이다. 다른 고전적 자유주의자들에게는, EU는 관료적 보호무역주의 하향식 비자유주의 프로젝트로 되었다. 이것은 영국이 EU를 떠나는 국민 투표 동안 명백했다. EU에 머무르는 것을 지지하는 고전적 자유주의자들이 있었고 EU를 떠나는 것을 지지하는 다른 사람들[고전적 자유주의자들]도 있었다.

동남아시아에서 ASEAN의 진전은 지역 기구들이 되풀이하여 발생하는 군사적 충돌을 극복할 수 있는 단체들로 성장하는 것이 얼마나 어려운지 보여준다. 주권이 엄격하게 보호되는 상향식 접근법은 대부분 초민족 지역 기구의 기초를 형성하고 반드시 연방화에 이르지는 않는다. 몇몇 그러나 모두는 아닌 고전적 자유주의자는 하향식 접근법을 충돌의 종식 후에 가장 덜 나쁜 선택지로, 충돌 해결의 일부로나 평화 계획으로 본다. 이것은 연방화가 (아주 자주) 주권 국가들의 세계에 관한 고전적 자유주의 규칙에 대한 예외라는 점을 강조한다.

이민

고전적 자유주의자들이 소극적 인권들을 옹호하므로, 이동의 자유가 자유롭게 국경들을 건너 이동할 자유를 포함해야 하는지에 관해 약간 논쟁이 있다. 현재, 국제법 아래서, 국가들이 이민을 멈추거나 제한할 권리를 지니고 있지만, 이것이 정당화되는가? 고전적 자유주의자들에 대한 대답은 대개 이동의 자유와 재산에 대한 권리 사이 대체 관계로 여겨질 수 있다. 이것은 종종 고전적 자유주의자들 사이 논쟁의 주제이지만, 또한 고전적 자유주의자들과 리버테리언들 사이 논쟁의 주제이기도 하다(제10장을 보라).

비록 자유 이민과 개방 국경들에 대한 논쟁이 화제일지라도, 그것에 관해 새로운 아무것도 없다. 미제스(1927)는 이 논쟁의 주요 형세를 자유주의 시각에서 잘 정리하여 제시했고, 자유주의자에게는, 모든 사람이 자기가 원하는 곳에서 살 권리를 지니고 있는데 왜냐하면 이것이 생산 수단의 사적 소유에 기초한 사회의 본질 일부이기 때문이라고 주장했다. 그는 이민 장벽들을 경제적 근거에서 정당화하려는 시도들이 처음부터 실패할 운명이라고 느꼈다. 이주에 대한 장벽들이 인간 노동의 생산성을 감소시킨다는 점에 의심의 여지가 없다. 그렇지만 미제스는 그 논쟁이 단지 경제학에 관한 것만이 아니라는 점을 인식하였다. 잠재적 이민자들에게 매력적인 국가들에 사는 사람들은 상당한 외국인 유입이라는 위협을 느낀다. 이민은, 어떤 경우들에는, 토착민들에게 그들이 자기들 자신의 국토에서 소수파가 된다고 느끼게 할지 모른다. 미제스는 오스트레일리아가 이웃 아시아 나라들로부터의 이민에 개방한 예를 들었다. 그는 또한 미국이 1800년대 후기와 1900년대 초기에 유럽으로부터의 이민자들에, 오직 이 집단이 미국 문화에 동화할 만큼 아주 작았기 때문만으로, 대처할 수 있었다고 느끼기도 했다. 그는 또한 미국이 그 후 엄격한 이민 법률들을 도입한다고 언급하기도 했다. 어떤 국가들이 강력한 세계에서, 민족적 소수파가 다른 민족의 다수파로부터 최악을 예상할지 모른다는 점은 이해할 수 있다. 미제스가 유럽 중심 견해를 취했지만, 유럽 식민주의자들이 오스트레일리아, 남북 아메리카 그리고 다른 나라들로 유입한 것이 토착민들에게 끼친 영향이 이 두려움을 정당화하는 것 같다고 주장될 수 있을 것이다. 미제스는 이민 다수파에 관한 이 두려움에 대한 유일한 해결책이 완전히 자유주의적인 국가, 즉 제한된 책임들과 권한들을 가진 국가의 도입일 것이라고 느꼈다.

그렇지만 그러한 제한된 국가들이 존재하지 않는 한, 자유 이민의 탄원들은 몇몇 고전적 자유주의자에 의해 개인의 자유에 대해－잠재적 이민자들의 자유에 대해서뿐만 아니라 거주 주민들의 자유에 대해서도－잠재적으로 위협을 제기하는 것으로 여겨진다. 이것은 판 데르 포센(Van der Vossen)과 브레넌(Brennan)(2018), 소민(Somin)(2020), 로마스키(Lomasky)와 테손(Tesón)(2015) 그리고 쿠카타스(Kukathas)(2021) 같은 자유주의 필자들에 의해 끊임없이 간과되거나 묵살된다. 이 저자 중 약간은 고전적 자유주의자로 여겨진다. 그들의 정확한 논거들은 다르지만, 그들 모두는 가난한 나라들 출신 개인들이 자기들이 할 수 있는 최상의 삶을 영위하기 위해 어디에 살고 자기들의 재능들을 어디에 사용할지 선택할 수 있도록 그들에게 더 부유한 나라들로 자유롭게 이주하게 허용하는 것이 더 낫다는 점을 인정한다. 그들은 이것이 도덕적으로 옳을 것으로 믿고, 단기에서 이주자들 자신들에 대한 긍정적인 경제 효과들을 지적하는데, 설사 그들이 수용국에서 가장 못사는 사람들에 속한다고 할지라도, 그들이 즉각 자기들의 처지를 개선하기 때문이다. 중기에서 장기까지는, 수용국도 역시 이익을 얻는데, 이민자들이 경제 성장에 이바지하기 시작하기 때문이다. 그들은 또한, 사회 복지와 보건 같은, 자유 이민과 관련된 다른 비용들을 보상할 가능한 계획들이 있다고 믿기도 한다.

미제스가 제기한 반론들 외에도, 또한 다른 쟁점도 있는데, 이것을 그 오스트리아학파 학자는 간과했던 것 같았다: 고전적 자유주의 제한 국가는 자연권들의 제한된 수의 침해를 수반한다. 바꿔 말하면, 이 권리들은 절대적이지 않다. 그러므로, 이민할 권리를 제한하는 것은 반드시 비자유주의적이지 않다. 고전적 자유주의 철학자 데이비드 콘웨이는 자유 이민을 지지하여 제안된 많은 논거를 면밀하게 가면을 벗긴다(콘웨이 2004). 그는 국가들에 국민과 이민자들을 평등한 존경과 관심으로 대우하도록 강제하는 건전한 자유주의 원칙이 없다고 결론짓는다. 그는 외국인들이 어느 외국의 관할 안에 있는 공공장소들에 후자의 명시적이거나 암묵적인 승낙 없이 들어갈 도덕적 권리를 지닌다는 점을 부정한다. 이 공공장소들은, 국가가 대리인으로 행동하는, 그것[국가]의 국민의 공유 재산이라고 이야기될지 모른다. 이민자들이 외국에 마음대로 들어갈 권리를 지니지 못하는 것은 그것의 국민이 동료 국민의 사유 재산에 그들의 승낙 없이 들어갈 권리를 지니지 못하는 것과 같다.

사실은 고전적 자유주의 국가가 세계 어느 곳에서도 존재하지 않는다는 점이다. 밀턴 프리드먼(Milton Friedman)(1978)은 복지 국가가 존재하는 곳에서는, 설사 그것이 그저 제한된 복지 국가일 뿐이라고 할지라도, 자유 이민이 이 장치들에 부담이 된다고 주장했다. 그것은 복지 국가를 계속 유지하는 것을 불가능하게 한다. 현 필자들은 이 논거를 보상 기구들로 반박하려고 시도하지만, 그들은 이민이 여전히, 그런 서비스들에 대해 보험료들을 지급하고 그에 따라 일정 권리들을 쌓아 올리지 않을 수 없는, 받아들이는 주민이 가지는 재산권들의 침해로 여겨질 수 있다는 점을 간과하는 경향이 있다. 무제한 이민은 복지 장치들에 대한 이 재산권들을 침해하는 것으로 여겨진다. 보상이 이론상 가능하지만, 실제로는 그들이 여전히 그것의 대금을 치르고 있을 것인데, 직접적으로 더 높은 의무 보험료들을 통해서든지 더 많은 사람이 복지 서비스들을 이용함에 따라 더 적은 접근을 누림으로써이다. 적당한 보상의 기회들은 큰 것으로 여겨지지 않는다.

대체로, 이민에 관한 논쟁에서 받아들이는 주민의 처지는 충분히 고려되지 않는다. 예를 들어, 하이에크는, 빈에서 겪은 자기의 경험들에 기초하여, 이민자들의 대량 유입이 받아들이는 주민의 문화와 삶에 막대한 영향을 끼칠 것이라고 주장하는 여러 사설 반대쪽 페이지 기사를 썼다. 그것은, 옹호할 수는 없지만, 어느 정도 이해할 수 있는, 항의들과 민족주의 반응들에 이어질지 모른다.

위의 논점들은 모든 이민 반대론으로 여겨져서는 안 된다. 그것은 단지 고전적 자유주의자가 경제적 및 도덕적 근거에서 무제한 이민을 지지해야 한다는 생각에 대한 평형추일 뿐이다. 어떤 고전적 자유주의자들은 무제한 이민을 지지하지만, 재산권들의 고려, 문화 그리고 소수파-다수파 시각에 근거하여, 지지하지 않는 다른 고전적 자유주의자들도 있다. 많은 서양 나라는, 노동 부족이나 노령 인구가 있는지에 따라, 한정된 수의 이민자들을 환영한다. 전쟁과 박해에서 도망치는 난민들을 받아들일 도덕적 옹호론이 있다. 그것을 넘어서, 고전적 자유주의자들은 이민에의 개방성 수준에 관해 의견이 다르다. 예를 들면, 많은 유럽 고전적 자유주의자는 EU 안에서 이동의 자유를 환영하지만, EU 바깥 나라들로부터는 오직 제한된 이민만 지지하는 경향이 있다. 틀림없이, 그 논쟁은 예견할 수 있는 미래에도 여전히 화제일 것이다.

7 폭력: 세력 균형, 전쟁, 군사 개입

인간 본성에 관한 장은 개인들과 집단들이 때때로 분쟁에 휘말린다는 점을 명백히 밝혔다. 그러므로, 이 장은 국제 문제에서, 만약 있다면, 폭력의 역할이 무엇이고 그것이 어떻게 역점을 두어 다루어져야 하는지의 질문들을 다룰 것이다. 국제 문제에 관한 일반적인 고전적 자유주의 견해와 국가들이 서로를 다루는 방식이, 특히 세력 균형에서와 전쟁에서, 토론될 것이다. 그다음 전쟁의 비용에 관한 고전적 자유주의자들의 상당히 특별한 입장이 소개될 것이다. 이 장은 군사 개입의 찬성론들과 반대론들에 관한 토론으로 닫힌다.

많은 사람은 이것들을 *핵심적인*(hard-core) 국제 관계 쟁점으로 볼 것인데, 비록 그것들이 반드시 자유주의에 대해 핵심적인 쟁점은 아니라고 할지라도(제3부에서 토론될 것이다) 그렇다. 그러나 주권이 존중되지 않는 경우, 만약 국가들 사이에 폭력적인 분쟁이 발발한다면 그리고 만약 통치자가 자기의 국민에 대해 범죄들을 저지른다면 다른 나라들은 무엇을 해야 할까?

세계 정치에 관한 견해

고전적 자유주의자들의 세계 정치 견해는 그들의 인간 본성 견해와 같은 종류이거나 비슷하다. 가장 중요한 관찰은 국제 문제에서 무엇이 행해질 필요가 있는지 혹은 주요 규칙들이 무엇인지 결정하는, 모든 것에 우선하는 권력이나 판관이 없다는 점이다. 물론, 국제법이 있고 국제 법원들과 재판소들이 있지만, 기존 법적 제도들의 어느 것들도 자기들의 판단들이 집행되도록 확실히 할 권력을 지니고 있지 않다는 점을 깨닫는 것이 중요하다. 본질적으로, 그것은 국가들, 협동할 그것들의 의지 그리고 다른 행위자들에 대한 그것들의 견해에 관한 것이다.

최고 권력자가 없는 세계에서, 모든 국가는 안보 딜레마에 직면한다[부스(Booth)와 휠러(Wheeler) 2008]. 이것은 그들이 안정적이고 평화로운 질서의 존재에, 설사 그러한 질서가 일반 인간 복지에 최선일 것이라고 할지라도, 의지할 수 없다는 점을 의미한다. 항상 한 국가가, 혹은 일단의 국가가, 세계 정부의 부재를 이용할 우려가 있다. 그러므로 안보 딜레마는 존재에 관한 것이다. 국가들은, 만약 자기들이 생존하기를 원한다면, 자기들 자신의 안보를, 첫째 그리고 무엇보다도 군사적으로, 돌볼 필요가 있다. 지도자들과 엘리트들은 다른 국가들의 지도자들 의도에 관해, 심지어 그들이 어떤 다른 국가도 해칠 의도를 지니고 있지 않을 때조차도, 절대 확신할 수 없다. 같은 맥락에서, 확실히 자위를 위해 획득된 무기들도 다른 국가들에 의해 공격적으로 여겨질 수 있다. 불확실성의 세계에서는 인식들이 대단히 중요하다.

국내 정치와 일치하여, 고전적 자유주의자들은, 국가들이 어떤 종류의 질서를 제공하지만, 무정부 상태들이나 질서의 결여가 어느 정도 존재할 것임을 인정하는, 중간 위치를 목표로 삼는다. 제3부에서 보게 할 것이듯이, 고전적 자유주의자들은, 오스트레일리아 국제 관계 이론가 헤들리 불(Hedley Bull)(1995)이 부르듯이, '국가들의 무정부 사회(the anarchical society of states)'를 지지한다. 이 상황에서는 국가들 사이 권력에 기초한 관계들과 국제법과 국제 협력 같은 미발달한 사회 특징들 양쪽 다가 존재한다. 그것은 국가들이, 또한 자기들의 안보 딜레마를 역점을 두어 다루기도 하는, 비교적 구조화된 방식으로 함께 살 수 있게 한다. 그것은 국가들 사이 정치 사회이지, 모든 행위자가 평등한 처지에 있는 다(多)행위자 국제 사회가 아니다.

세력 균형

국제 세계는 어느 정도의 무정부 상태, 즉 어느 정도 질서의 결여라는 특징을 지니고 있다. 이것이 개인의 자유에 잠재적 위협이 될 수 있으므로, 고전적 자유주의자들은 가능한 한 많은 국제 질서와 협동을 촉진하는 조치를 취하려고 시도한다. 그들은 고전적 자유주의의 핵심 가치들에 대한 두 가지 잠재적 위협 사이에 균형을 달성하려고 시도한다. 하나는 여기서, 생명, 자유 그리고 재산에 대한 권리들의 의미 있거나 오래가는 보호 없이, 최강자의 지배로 정의되는, 순수 무정부 상태이다. 다른 것은 인류를, 이름난 홉스적 리바이어던이나 세계 국가 같은, 한 권력 아래 결합하려는 시도들이다.

중요한 요소는 세력 균형이다. 불(1995)은 이것을 '제도(institution)'로 불렀고 그것은 많은 고전적 자유주의자가 좋아하는 국제 질서 수단이었다. 흄은 그것에 관해 잘 알려진 소론을 썼고, 스미스는 그것에 동의했으며, 20세기 사상가들 미제스와 하이에크도 역시 그것을 중시하였다(판 데 하르 2009, 2011). 세력 균형의 기원은 적어도 고대 시대로 거슬러 올라간다. 그 생각은 거의 자명하다: 국가들이 하나의 큰 강국에 의한 지배를 막는 데 이익을 지니고 있는데, 왜냐하면 이 강국이 심각한 반대 없이 자기의 호전적인 계획들을 집행할 수 있을 것이기 때문이다. 그러므로, 다른 강국들은 지배 국가나 국가들의 연합과 세력의 균형을 잡기 위해 동맹을 형성한다. 그것들은 서로 균형을 잡고, 그 결과는 큰 전쟁들을 막는데, 왜냐하면 양측에 대한 비용들이 너무 높은 것으로 여겨지기 때문이다.

리틀(Little)(2007)은 그 균형이, 예를 들면, 1815년 후 유럽 협조(Concert of Europe; 오스트리아·프로이센·러시아·영국 사이의 4국 동맹에 의한 협정)같이, 전쟁 끝에 평화에 대해 협상한 후, 그것이 강대국들 지도자들의 집단이 품는 생각에 의거할 때 *연합적*(associational)일 수 있다고 지적한다. *적대적*(adversarial) 균형은 그것이 다른 국가 및 그것의 동맹국들의 현존하는 혹은 상승하는 권력을 견제하는 것을 목표로 삼을 때 전개된다. 가장 주목할 만한 예는 1945년부터 1990년까지, 한편 미국의 지원을 받는 '자유세계'와 다른 한편 소련의 지원을 받는 공산주의 세계 사이에 계속한 냉전일 것이다.

자기의 경력 동안 죽, 하이에크는 자생적 질서에 관해 썼는데, 이것은 개인들이나 개인들의 집단들이 자기들 자신의 개인적 목표들을 추구하는 의도하지 않은 결과로 생긴다. 자생적 질서들은 진화하고 그것들의 구성부분들 사이 균형에 이른다. 세력 균형은 국제 문제에서 하이에크의 자생적 질서의 강력한 예이다. 어떤 국가들은, 혼자서나 동맹들로, 다른 국가들을 지배하기를 원하지만, 그 추구에서 그것들은 똑같은 목표를 지닌 다른 국가들과 우연히 마주치고, 이것은 상대적 질서와 안정성의 균형으로 끝난다.

그럼에도 불구하고, 그 균형은 완전하지 않은데, 왜냐하면 그것이 종종 부서지기 쉽고 좀체 안정적이지 않기 때문이다. 국가들이 동맹들을 바꿀지 모르고, 권력이 상승하거나 하락하며, 강대국들의 영향력이 변동할지 모르고, 동맹국들의 구성국들이나 그것들의 대리자들 사이에는 전쟁을 더 적게 벌일지 모른다. 냉전 동안, 아시아, 아프리카 그리고 라틴아메리카에 많은 '열전'과 분쟁이 있었다. 그러나 대체로 세력 균형은 한 강국이 다른 강국을 지배하는 것을 막는 데 도움이 되고 국제 질서에 이바지한다.

우크라이나가 러시아 침입에 대항해 싸우는 것을 돕는 서양 나라들의 현재 군사 원조는 또 하나의 예이다. 고전적 자유주의자들은 이것들을 국제 수준에서 자생적 질서의 예로서 여긴다.

전쟁

전쟁은 인간 경험에서 가장 파괴적인 사건 중 하나이고 개인의 자유에 대한 가장 심각한 위협 중 하나이다. 셀 수 없이 많은 비용이 있는데, 몇 개를 거명하면, 상실된 목숨들, 인권들에 대한 범죄들, 물질적 피해, 환경 피해, 주택들의 상실 그리고 경제적 비용들을 포함한다. 그것이 수백 년 전에 진실이었듯이 그것은 오늘날에도 진실이다. 고전적 자유주의자들은 이것을 가볍게 다루지 않고, 그들은 전쟁에 관해 그저 추상적인 방식으로 이론화하지만도 않는다. 그러나 그들은 전쟁이 가끔 발생하는 것을 불가피하게 여긴다. 그것은 인간 본성에서 일어나고, 때때로 세력 균형을 유지하기를 목표로 삼는 데서 일어나며, 게다가 종교, 지리, 원료들, 혹은 특정 나라에서의 예측할 수 없는 폭정 같은 다른 원인들도 있다. 그러므로, 질문은, 어떤 다른 자유주의자들이 제기하듯이, '우리가 어떻게 전쟁을 영원히 제거할 수 있는가?'가 아니라, 대신 '우리가 어떻게 불가피한 전쟁 발생을 다루어야 하고, 어쩌면 제한해야 하는가?'이다.

이것은 숙명론적이 되도록 예정되어 있지는 않다. 많은 다른 사람처럼, 고전적 자유주의자들도 전쟁을 가능한 한 많이 피하기를 선호한다. 그들은 절대 그것을 정상적인 마키아벨리 정책 도구로 여기지 않았고, 만약 전쟁이 일어나야 한다면, 전쟁할 정당화할 수 있는 이유가 있을 것을 확실히 하고 전쟁들이 집행되는 방식을 규제할, 방식들을 찾았다. 분별, 합리적임 그리고 신중은 고전적 자유주의자들이 이 측면에서 언급하는 주요 미덕이다. 예상 밖이 아니게도, 국제법에서 정전(正戰) 전통과 전쟁에 관한 고전적 자유주의 사상 사이에는 강한 관계가 있다. 예를 들면, 수아레스(Suarez), 데 바텔(de Vattel) 그리고 특히 흐로티위스 같은, 위대한 국제법학자들은 흄과 스미스에 의해 중시되었다.

정전 전통은 전쟁이 정당한 이유를 지녀야 한다고 요구하는데, 비록 정전 전통에서 정당한 이유들의 목록이 광범하다고 할지라도 그렇다. 주요 이유들은 국가의 주권이나 영토의 침입 혹은 그 밖의 침해 경우, 자기 국민을 다른 국가가 살해하는 경우, 국민이 인질로 잡혀 있을 때, 부채들이 지급되지 않을 때, 혹은 (평화) 조약들을 위반할 경우 자신을 방어할 권리를 포함한다. 정전 전통의 두 번째 기준은 전쟁들이 정당한 방식으로 집행되어야 한다는 점이다. 주요 규칙은 무고한 비전투원들(민간인들)이 적대 행위들에 노출되지 않아야 한다는 점이다. 또한, 일정 영토가 정복될 때, 지도자들은 대체될지 모르지만, 주민은 자기들의 삶, 종교 그리고 습관들을 가능한 한 많이 계속하도록 허용되어야 한다.

렝거(Rengger)(2013)는 정전 전통이 분쟁들을 해결하거나 전쟁을 제거할 수 있다고 생각하는 것이 환상에 불과하다는 점을 강조했다. 그 전통은 전쟁에 대한 제한으로 여겨질지 모르고, 이것은 전쟁의 도덕적 근거에 관심을 덜 가지거나 가지지 않는 강국들이 수행하는 무제한 전쟁에 비교하면 진실이다. 그러나 정전 전통은 종종 개전할 그리고 전쟁이 수행되는 방식의 구실로 사용되었다. 정전은 폭력의 사용을 제한하기보다 정치 당국에 의해 사법(司法)을 집행하는 것에 더 관심 있는 개념으로 전개되었다. 그러므로 전쟁들이, 특히 제2차 세계 대전 후, 더욱더 정당한 이유를 위해 싸우는 것으로 여겨지게 되었다. 정전 전통의 두 번째 원칙에 대한 비슷한 고수는 없었는데, 이 원칙은 폭력의 사용을 제한한다. 그렇지만 대체로, 정전 전통은 억제의 전통이다. 고전적 자유주의자들은 억제의 중요성을 인식하지만, 이 결과로 자기들이 평화주의자가 되어야 한다고 믿지는 않는다. 고전적 자유주의자들의 인간 본성에 관한 그리고 국제 문제에 관한 견해들을 고려하면, 평화주의는 종종 비현실적이거나 심지어 부적절한 대응인 것으로 여겨진다. 미래에 더 큰 문제를 피하기 위해, 예를 들면, 권위주의 통치자가 더 많은 나라를 정복하는 것을 막기 위해, 전쟁이 때때로 필요할 수 있다.

더 넓은 자유주의 전통에서 전쟁에 관한 대부분 논쟁은 보통 두 개 이상 국가 사이 전쟁을 고찰한다. 그러나 다른 유형의 전쟁이 많이 있는데, 게릴라 전투 혹은 국가들의 대리자들이 싸우는 분쟁들이나, 시리아와 이라크에서 최근 전쟁들에서 같이, 무장 단체들, 국가들 그리고 국가의 지원을 받는 무장 단체들 사이 분쟁들의 결합 같은 것들이다. 사실상, 현대 세계에서는 전자 유형보다는 후자 유형의 복합 전쟁들이 아마도 더 많이 수행되고 있을 것이다. 학문 연구와 실제 정치의 면에서, 이 차이점들은 중요하다. 고전적 자유주의자들에게는, 이 유형들의 분쟁들은 주로 전쟁의 불가피성의 증거이지만, 그것들을 다루는 것은 더욱더 복잡할 수 있다.

전쟁의 비용

고전적 자유주의와 리버테리언 전통 안에 '전쟁의 숨겨진 비용들'에 관한 하위 문헌이 있다. 이것들은 국가가 전쟁의 위협들에 대응하여 그리고 민족의 승리 가능성을 높이기 위해서 시행하는, 종종 비자유주의적인, 규칙들과 입법이다. 예들은 자유 언론이나 자유 결사의 단축을 포함한다. 대부분 문헌은, 예를 들면, 국가들이 전쟁 노력의 일환으로서 경제의 전 부분을 국유화할 때, 전쟁의 경제적 영향에 집중한다. 하이에크와 미제스는 그러한 전쟁 경제를 강하게 반대했고, 전시에도, 자유 시장이 가장 혁신적이고 효율적인 생산자들을 계속해서 육성한다고 주장한다. 히그스(Higgs)(2005)는 이 조치들이 전쟁이 끝난 후 절대 완전히 뒤엎어지지 않는다고 경고했다. 그러므로, 전쟁들은 더 큰 국가에 이르는 사건이다. 결과적으로, 히그스는 전쟁의 폐지를 요구한다. 고전적 자유주의자들은 그 분석을 공유하지만, 그 해결책이 비현실적이라고 믿는다. 전쟁은 사라지지 않을 것이다. 잃어버린 자유들을 전쟁이 끝난 후 되찾는 것이 중요하지만, 주로 국내 정치의 문제이다. 어떤 사람들이 요구하듯이, 이 메커니즘 때문에 전쟁의 폐지를 요구하는 것은 호감이 갈지 모르나, 또한 전적으로 비현실적일지 모른다.

군사 개입

정전(正戰) 전통을 믿는 고전적 자유주의자들과 그 밖의 사람들에 도전하는 질문 중 하나는 자기들의 국민을 박해하는 지도자들에 대한 군사적 인도주의 개입의 쟁점이다. 이것은 보통, 국가 A가 국가 B의 지도자들이 자기들 자신 주민에 대해 집행한, 중대한 인권 침해 같은, 심각한 잘못을 되돌리기 위해 국가 B에 개입하거나 침입해야 하는가? 로 틀이 잡힌다. 냉전 세력 균형의 종식 후에, 그러한 개입들은 더 흔해졌다. 국제 연합은 이것을 보호할 책임(Responsibility to Protect) 원칙, 혹은 R2P로 부른다(국제 연합 2021). R2P는 자기들의 국민에 대해 인권 침해들을 저질렀다고 여겨지는 정권들에 대해 개입들을 정당화하는 데 사용되었다. 그러한 개입들은, 냉전에서 사례가 그랬듯이, 더는 세계 질서에 영향을 미치는 것으로 여겨지지 않는다.

국가나 국가들의 연합이 고통받는 주민을 위해 개입하도록 허용되어야 하느냐의 질문은 윤리적 차원을 포함하여 많은 쟁점을 제기한다. 고전적 자유주의자들이 개인의 인권들을 지지하는 것을 믿으므로, 그들이 또한, 역시 똑같은 권리들을 가진 인간이기도 한, 외국 국민을 위해 개입할 권리나, 어쩌면 심지어 의무도 있다고 믿어서는 안 되는가? 이 질문에 답하기 위해, 우리는 흄과 스미스의 사상을 탐구할 수 있다(판 데 하르 2013b). 둘 다는 동정을 인간관계의 규정과 평가를 위한 중심적인 메커니즘으로 보았다. 군사적 개입의 정당화는 동정과 정의, 그리고 인간 유대에 대한 그것들의 적용에 관한 것이다. 만약 유대가 더 강하면(동정), 개입이 어쩌면 더 절박하고 또한 아마도 정당할 것이다(정의). 스미스는 동정을 '어떤 열정이라도 가진 동료 의식에 관한 사람들의 타고난 성향'이라고 정의했다. 그것은 자신을 다른 사람의 입장에 서서 생각하는 능력이다. 이 능력은 일정 행동의 판단(적절성)에 이르지만, 또한 사랑, 슬픔, 자비, 자부심, 등등과 같은, 연민의 감정의 판단에도 이른다. 스미스는 가상의 '불편부당한 구경꾼(impartial spectator)'을 도입하는 데 이 생각을 사용했는데, 후자는 자기의 행동을 재는 판관, 혹은 척도일 것이다. 흄은 동정을 사람들에게 다른 사람들의 성향과 욕망을 알리는 '의사 전달 원리(principle of communication)'로 여겼다.

흄은 동정의 구체적인 형태와 일반적인 형태 사이 차이점을 강조했다. 첫째는 특정 사람들에 돌려졌고, 후자는 공유된 인간성의 더 일반적인 감정에 돌려졌다. 이 후자는 행동의 동기가 될 수 없었다. 앞에서 논의되었듯이, 사람들의 동포애가 없었고 그러므로, 그 동포애로 주장된 것을 위해 행동할, 설사 가능성이 있다고 할지라도, 필요가 없었다. 오직 긴밀한 유대만이 특정 동정에 이르고, 만약 그 개인[들]과 그들의 핵심 집단들에 대한 거리의 면에서 유대가 더 약하면 동정의 감정은 더 약해진다. 동정이 국경을 건너서 모든 의미를 잃지는 않았지만, 확실히 훨씬 더 약했고 좀체 행동의 동기가 아니었다. 더 멀리 떨어져 있는 다른 사람들의 비참함에 대한 일시적인 감정은 물론 가능했지만, 대부분 사람에게, 부차적인 성질인 채로이다. 따라서, 군사적 개입의 도덕적 의무가 없었다.

　의무가 없었지만, 흄과 스미스 둘 다 개입할 권리에 관해 덜 명백했다. 그들은 대개 정의를 소극적 규칙으로, 억제에 관한 것으로 여겼고, 일을 하는 것으로 여기지 않았다. 흄은 국제 문제에서 정의의 규칙들에 대한 자연적 의무가 국내 상황에서보다 덜 엄격하다고 덧붙였다. 반면에, 그들은 또한 흐로티위스의 국제법을 지지하고 국제 규칙들이 국제 질서를 달성하는 데 유용하다고 생각하기도 했다. 주권이 중요한 역할을 했고, 비개입주의가 규칙이었다.

　그렇지만, 통치자들은 국제 관계에서 정의의 규칙들을 존중해야 했는데, 설사 이 규칙들이 국내 상황에 대해서보다 더 약한 것으로 여겨졌다고 할지라도 그렇다. 흐로티위스는, 폭군이 자기들의 신민들에 대해 잔학 행위를 저지르는 경우, '교정적 정의(corrective justice)'를 허용했지만, 절대 요구하지는 않았다. 그러나 이것은 해당 국민을 보호하기보다 통치자를 처벌할 작정이었다. 약간의 개입 정당화를 암시하지만, 그것은, 특히 그 과업이, 국가적으로와 국제적으로 양쪽 다, 사회 질서를 유지하는 것인, 덕이 있고 신중한 지도자들의 수요와 결합하여 고려될 때, 개입할 권리를 구성하지 않았다. 요약하면, 비록 통치자가 심각하게 비행을 저지를 때 약간의 개입 여지가 있을지라도, 또한 강력한 고전적 자유주의 개입 원칙도 없다. 스미스와 흄이 인정하고 지지했듯이, 이것은 국가들의 지도자들에게 약간의 책략 여지를 남긴다.

　이 원칙들은 국제법에서 규정되는 현 상황과 매우 다르지 않다. 주권은 여전히 현 세계 질서의 주요 원칙인데, 이것은 대개 군사 혹은 인도주의 개입을 부당한 것으로 본다. 우리의 시대와 스코틀랜드 계몽운동 사상가들의 그것 사이 차이점은 국제 연합의 보호할 책임(R2P) 공약이 일정 상황에서 군사 개입을 정말 허용한다는 점이다. 그러나 주권 국가의 국내 문제에 대한 개입은 여전히 예외이다. 대부분 고전적 자유주의자는 그 생각에 만족하고, 다른 자유주의자들과 반대로, 반드시 더 많은 군사 혹은 인도주의 개입을 촉진하지는 않는다.

군사 개입의 효과들

설사 당신이 군사 개입을 지지한다고 할지라도, 그것이 실제로 작동할까? 개입의 군사 부분은, '나쁜' 정권이 전복된다는 의미에서, 작동하는 것도 당연하겠지만, 정치인들, 군사 전략가들 그리고 그 밖의 사람들은 다음에 일어나는 것과 출구 전략 양쪽 다를, 즉 언제 떠나고 어떻게 떠나는지를 고찰해야 한다. 이라크, 아프가니스탄, 리비아 혹은 말리에서 지난 20년의 경험들은 개입하고 그다음 외부로부터 자유 민주 국가들을 건설하려고 시도하는 것이 대개 실패했다는 점을 증명한다. 가치 있는 노력들에도 불구하고, 규격품으로 자유 민주주의의 문화를 수출하는 것이 그저 너무 어려움이 드러났다. 심지어 덜 야심 찬 개입들조차도, 키프로스에서처럼, UN 평화 유지군이 한 나라에 수십 년간 머무르는 것으로 이어졌다. 또한 서로 다른 의견의 많은 사람이 개입이 필요하다는 점을 인정했었을 사례들도 있었다. 가장 명백한 예는 1994년 르완다 대량 학살일 것인데, 그때 주요 강국들은 개입하지 않았고 그것을 충분한 무장을 갖추지 않은 UN 지상군에 맡겼다. '무언가 할' 압력이 항상 부근에 있을 것이지만, 고전적 자유주의자들은 종종 이 행동 요구들에 저항한다.

흄은 모든 통치가 여론에 기초한다고 썼는데, 즉 지도자들이 궁극적으로 피치자들의 동의에 달려 있고, 피치자들이 항상 어떤 정권이든 전복할 수 있다는 생각이다. 그것은 실제로 오랜 시간, 몇몇 나라에서는 심지어 몇 세기조차 걸릴지 모르지만, 역사는 혁명의 가능성이, 전 세계적으로 모든 곳에서, 현실적임을 보여준다. 프리드먼(1962)은 개인적 자유와 경제적 자유가 필연적으로 관련되어 있다고 그리고 누구든 '좋은 사회'에서는 하나를 다른 것 없이 가질 수 없다고 지적했다. 어느 정도의 경제적 자유를 가지고 있지만 정치적 자유를 가지고 있지 않은 나라들에서, 대중이 결국 더 많은 권리를 요구할 것이 예상될 수 있는데, 비록 그것이 오랜 시간이 걸릴지 모르거나 혁명을 요구할지 몰라도 그렇다. 그동안, 많은 비참함이 일어날지 모른다.

이것은 항상 아무것도 하지 않는 것의 찬성론이 아니다. 그것은 몇몇 고전적 자유주의자가 군사 개입의 제안된 치료법을 관련된 모든 당사자에게 더 나쁜 것으로 혹은 의도하지 않은 결과들에 이르는 것으로 본다는 점일 뿐이다. 세계는 추한 곳일 수 있고, 어떤 종류의 안정적인 국제 질서를 달성하는 것은 이미 그 자체로 큰 위업이다. 세력 균형은 주요 전쟁들과 분쟁들을 막는 데 도움이 될 수 있지만, 항상 그렇지는 않다. 개입이 때때로 요구되지만 세계 정치를 떠받치는 근본적인 원칙들을 바꾸지는 않는다. 고전적 자유주의자들은 분쟁이 없는 조화로운 세계가 칭찬할 만한 목표이지만 여전히 동화라는 현실을 다루려고 시도한다.

8 규칙들: 국제법과 국제 조직

국제 규칙들을 위한 자리가 있는가, 그리고 만약 있다면, 무슨 규칙들을 위한? 고전적 자유주의자들은 국제 관계가 오직 폭력만으로 특징지어진다고 생각하지 않는다. 비록 국제법이 종종 '연성법(soft law)'으로 범주화되고 국내법이 '경성법(hard law)'으로 여겨진다고 할지라도, 참으로 규칙들을 위한 자리가 있다. 차이점은 사법적 결정들을 집행할 가능성에 있다. 모든 충돌이나 쟁점이 폭력에 이르지는 않고, 대부분은 국가들 사이 합의로, 예를 들면 조약이나 관련된 모든 당사자에 적용되는 일단의 국제 규칙들을 통해서 다루어질 수 있다. 때때로 국제 정부 기구들(international governmental organizations; IGOs)에 대한 역할이 있지만, 비정부 기구들(non-governmental organizations; NGOs)도 또한 자기 역할을 한다. 고전적 자유주의자들은 이 협정들을 그것들이 개인의 자유에 필요한 질서를 유지하는 데 도움이 되는 한 소중히 한다. 약속들, 조약들 그리고 규칙들은, 도덕적 유인 대신으로, 고수되어야 한다. 그렇지만, 고전적 자유주의자들은 또한 국제법, 규칙 그리고 규정의 수 증가를 걱정하기도 한다. 때때로 그것들이 개인의 자유를 보호하는 데 도움이 되지만 그것들이 또한 그것을 위험에 빠뜨리기도 할 수 있다.

국제법

조약들과 무역 협정들은 아마도 가장 오래된 국제법 형태일 것이다. 그것들은 나라들 사이 공통 목표들의 표현으로 이바지하고, 주권 국가들의 국제 사회를 위해 규범들을 정한다. 그것들은 질서를 회복하고, 분쟁 해결을 도우며, 법의 지배를 어느 정도 국제 수준으로 확대한다. 오늘날, 수천의 조약과 그 밖의 국제법 형태가 있다. 국가들은 종종 국제법을 지키는데, 이것이 자기들에 최상의 이익이라거나 도덕적 의무라고 판단해서다. 이런 식으로, 국제법은 국제 질서를 확립하고 보호하는 데 도움이 된다.

그렇지만 국제법은 종종 집행 권한이 없다. 국가들 자체가 국제법을 집행한다. 때때로 분쟁 해결이 조약 일부이거나 세계 무역 기구(World Trade Organization; WTO) 같은 국제기구에 위임된다. 아니면 분쟁이 어디에서 해결되어야 할지, 예를 들면 기존 법원일지 중재 단체일지에 관한 합의가 있다. 그렇지만 궁극적으로, 특히 충돌 상황들에서는, 심지어 최고 국제 법원조차도 이빨이 빠진 것으로 여겨질 수 있다. 그런 사례들에서는, 다른 국가들은 포기하거나, 항의하거나, 제재를 시행하거나, 궁극적으로 전쟁을 일으킬 수 있다.

고전적 자유주의자들에게, 좋은 국제법은 국가들이 서로를 다루는 것을 돕는, 서로의 국민을 다루는 것을 돕는, 그리고 기존 혹은 잠재적 분쟁들을 그러한 쟁점들이 국내 정치에서 해결되는 방법과 비슷한 방식으로 해결하는 것을 돕는 규칙들을 포함한다. 국가들이, 여행, 통신, 국경 보호, 무역, 금융, 인신매매와 씨름하기 그리고, 어업 등과 같은 자원들의 보호를 포함하는, 환경 쟁점들 같은, 많은 국제 쟁점에 관해 협력하는 것이 합리적이다.

그러나 고전적 자유주의자들은 또한 국제법의 증가를 걱정하기도 한다. 대부분 서양 사법 제도에서는, 조약들 그리고 상당하는 국제 협정들이 더 높은 수준에 있는데, 이 결과 그것들이 국법을 지배한다. 그러므로, 정부들은 국제 협상들에서 자기들이 동의하는 것에 조심해야 하는데, 이것이 자기들 국민의 삶에 영향을 미치기 때문이다. 국제 무대에서 합의에 도달하는 것이 우여곡절이 많을지 모르지만, 기존 조약들을 바꾸거나 폐지하기는 더욱더 어렵다. 미제스와 하이에크는, 특히 제2차 세계 대전 후에, 국제법의 폭증에 대해서 항의했다. 새 국제법들은 고전적 자유주의자들이 지지하는 소극적 권리들(~에 대비한 보호들) 대신에, 너무 많은 적극적 권리와 요구(~에 대한 권리들)를 수반했다. 그들에게는, 이것은 국제 수준에서 구성주의에 해당했다. 한 예는 유럽 평의회(Council of Europe)의 유럽 인권 협약(European Convention on Human Rights; ECHR)인데, 이것은 국가 형벌 체제들과 많은 다른 국내 사법 장치에 직접적인 영향을 끼치고 있다.

여담으로서, 비록 영국이 EU를 떠났다고 할지라도, 그것은 ECHR은 떠나지 않았는데, 왜냐하면 그것이 여전히 유럽 평의회의 회원국이기 때문으로, 후자는 EU의 27개와 비교하여 47개 회원국으로 구성되어 있다. 사실상, 영국은 유럽 평의회를 그것이 EU에 가입하기 24년 전에 가입했다(평등과 인권 위원회 2017).

국제 정부 기구들(IGO들)

IGO들은 조약들로 구성되고, 그래서 상기 사항은 또한 그것들에도 적용된다. 이것은 고전적 자유주의자들에게 문제가 되는데, 몇몇이 국제 수준에서 국가 같은 구조가 되었기 때문이다. 다시, 여기에 단일의 고전적 자유주의 규칙이 없는데, 왜냐하면 아주 많은 서로 다른 IGO가 있기 때문이다. 어떤 과업들은 찬성을 받을지 모르지만, 다른 것들은 명백히 그렇지 않다. 경험 법칙으로서, 국제 협력의 기술적 측면들을 다루는 IGO들은, 설사 때때로 기술적 쟁점들에 대해 의견을 같이하는 데 정치적 토론이 수

반된다고 할지라도, 이치에 맞는 경향이 있다. 많은 잘 알려진 대규모 IGO는 고전적 자유주의 저항에 봉착하는데, 예를 들면 UN(의 부분들), 세계은행 그리고 세계 무역 기구이다. 다시, 각 국제기구에 대해 이것을 [이치에 맞는지] 결정하기 위해 구체적인 사례 연구들이 필요하다.

  실패한, 양 대전 사이, 국제 연맹에 대한 자기들의 경험에 기초하여, 미제스와 하이에크는 UN을 비판한 첫 번째 사람들에 속했다(판 데 하르 2009를 보라). 그들은 UN이 구성주의적이고 제2차 세계 대전 후 서방측과 소비에트 블록 사이 서투른 타협이라고 생각했다. 그들은 몇몇 사회적 및 경제적 (적극적) 권리가 세계 인권 선언(Universal Declaration on Human Rights)에 포함되어 있다고 걱정했다. 그것 위에, 이 권리들은 UN의 딸 기구들의 광범한 체제로 실제적 의미가 부여되었다. 그렇지만, 나타난 것처럼, 이것은 이 기구들의 완전한 거부로 여겨져서는 안 된다. 예를 들면, 세계 보건 기구(World Health Organization; WHO)는 하이에크와 미제스가 정부 행동이 정당화된다고 여긴 분야에서 활동하고 있다. WHO의 대부분 일은 기술적이다: 그것은 정보 교환, 질병 예방 그리고 투쟁에 관한 것이다. 물론 WHO 안에서 그리고 관하여, 특히 Covid-19에 대한 그것의 서투른 대응과 중국 정부에 대한 그것의 인지된 친밀을 고려하면, 정치적 논쟁들이 있는데, 중국 정부는 그 바이러스가 어디에서 그리고 어떻게 비롯되었는지 솔직하기를 거부했다. 그러나 이론상, 그것은 세계적 유행병들과 국제적 성격을 가진 다른 건강 관련 쟁점들에 대비하는 데 역할을 해야 하는데, 똑같은 일이 적십자사 같은 민간 기구들에 의해 행해질 수 없거나 행해지지 않을 때 그렇다.

  자세히 설명하지 않고도, 고전적 자유주의자들은 UN 체제 안의 많은 기구에 회의적인 채로인데, UN 자체의 핵심을 포함한다. 총회는 국가 대표자들이 국제 쟁점들을 토론하는 만남의 장소로서 약간의 목적에 이바지할지 모른다. 그렇지만 안전 보장 이사회는 명백한 시대착오이고, 특히 상임 이사국들이 그러한데, 왜냐하면 그것들은 제2차 세계 대전 후 권력 관계를 대표하고, 중국이 1971년에 대만을 대신했기 때문이다. 이것은 반드시 오늘날 세계의 권력관계를 대표하지는 않거나, 시대착오적인 권력 관계를 촉진할지 모르지만, 삼가서 말하면, UN은 전 세계적으로 분쟁들을 다루는 데서 항상 영광으로 뒤덮이지는 않았다.

고전적 자유주의자들은 자유 시장들에 간섭하는 IGO들을 제거하기를 원하는데, 국제 노동 기구, 세계은행 그리고 어쩌면 또한 국제 통화 기금 같은 것들이다. WTO도 역시 비판받는데, 왜냐하면 자유 무역은 국제기구를 정당화할 만큼 많은 국가 간섭을 요구하지 않기 때문으로, 하기야 그 소관이 개방 무역을 촉진하는 것인 IGO를 가지는 것도 또한 중요하긴 하다.

같은 식으로, EU를 고찰하는 찬성론들과 반대론들이 있는데, 부분적으로 그것이 끊임없이 진화하는 실체인 데서 독특하기 때문이다. 그것은 유럽에서 평화를 유지하는 데서 주요 역할을 했는데, 하기야 이 평화는 또한 냉전의 세력 균형과 NATO로 촉진되기도 했다. EU는 연방제에 관한 하이에크의 이상에서 거리가 멀다. 그것은 연방 수준에 중요한 권한들(방위, 외교 정책)을 모으지 않지만, 많은 그것의 정책(농업적, 경제적, 화폐적, 구조적, 지역적, 등등)은 고전적 자유주의 이상에서 전혀 자리가 없다. 반면에 내부 시장(비록 몇몇 규칙과 규정은 더 면밀한 조사가 필요할지라도)과 솅겐 지역(Shengen area)에 대해서는 더 긍정적인 평가가 가능한데, 솅겐 지역은 사람들의 자유로운 이동을 제공한다. 망명, 이민 그리고 국경 순찰에 대한 공통 규칙들은 원칙상 좋은 아이디어인데, 설사 그것들이 실제로 비효과적이었다고 할지라도 그렇다. 초국가를 향한 EU의 궤적이 개인의 자유에 위협들을 제기하지만, 그것은 또한 고전적 자유주의 특징들을 지니고 있기도 하다.

다른 IGO들에 관해 상세하게 설명하지 않지만, IGO들이 고전적 자유주의 자유 원칙들을 따라야 한다는 점이 언급되어야 한다. IGO들은 본래 좋거나 나쁘지 않다. 그것들이 유용한 목표들에 이바지할지 모르지만, 그것들은 국제 질서 그리고/혹은 개인의 자유에 걸림돌이 될 수도 있을 것이다. 비판적 조사가 여전히 중요하다.

국제 비정부 기구들(INGO들)

최근 몇십 년은 INGO들의 활동과 인식에서 증가를 목격했다. 고전적 자유주의자들은 원칙상 그것들에 반대하지 않는데, 왜냐하면 그것들이 결사의 자유의 결과이기 때문이다. 고전적 자유주의자들이 INGO들의, 예를 들면, 무역 보호주의나 국가 개입 증가에 찬성하는 운동을 하는 것들의, 많은 목표에 의견이 다르지만, 고전적 자유주의 정책들을 지지하는 다른 INGO들도 있다. 고전적 자유주의자들은 정부들이 NGO들을, 정부들이 달성할 수 없는 정책 목표들을 그것들이 달성할 수 있다고 믿고서, 납세자들의 돈으로 자금 지원하는 흔한 관행을 정말 반대한다. 정부들로부터 납세자 자금을 받는 NGO들은 진정으로 '비정부'로 여겨질 수 없고 사실상 정부들의 연장이라는 비난에 노출된다. 그 관계는 INGO들이 정부들로부터 납세자 돈을 받은 후 그 정부들에 로비할 때 때때로 모호해진다. 이런 의미에서, 그것은 정책 결과들이 어떻게, 정부가 공익을 위해 어떤 중립적이라고 생각되는 방식으로 행동하기보다, 종종 이익 집단들이 로비 활동한 결과인지의 명백한 예이다. 고전적 자유주의자들에게, 이 관행들은 특수 이해관계자들에게 자금 지원하기보다 자기의 핵심 역할들에 자금을 대는 제한된 국가를 지지하는 또 하나의 이유이다.

9 경제: 무역, 세계화 그리고 개발 원조

고전적 자유주의 국제 관계 이론의 구성 요소들의 소개는 국제 정치에 관한 논쟁에서 고전적 자유주의자들이 가장 잘 알려진 주제로 끝난다. 국제 관계는 경제의 성분을 어떻게 다루는가? 자유 무역, 그리고 평화에 대한 그것의 관계 외에도, 이 장은 세계화와 개발 원조를 다룬다.

경제학자들은, 자원들이 무한하지 않은 것으로 정의되는, 부족이 인간 생활에 영향을 끼친다는 점을 지적한다. 이것은 국제 생활에 대해서도 다르지 않다. 국제 경제, 특히 무역은 사실상 국제 협동의 가장 오래된 형태 중 하나이다. 고전적 자유주의는 오랫동안 자유 무역에 대한 지지와 관련되어 왔다. 현대 고전적 자유주의자들은 이 의제를 계속해서 지지하지만, 세계화에의 지지를 포함하도록 그것을 넓혔다. 그러나 국제 수준에서 나쁜 경제도 역시 존재한다.

자유 무역

고전적 자유주의자들은 수 세기 동안 자유 무역을 지지했다. 사람들이 지구에 거주한 만큼 오랫동안 무역이 있었다. 그런 식으로 '운송하고, 물물 교환하며, 화폐 교환하는 성향'은, 애덤 스미스가 주장했듯이, 정말로 인간 본성의 일부이다. 이 근본적인 견해는 경험적 증거로 되풀이해서 확증되었다. 국제 무역은, 전문화, 노동의 분리 그리고 그것에 부속된 혁신을 통하여, 자원들, 재화들 그리고 서비스들의 더 효율적인 분배를 확실히 한다. 단기에서 손해를 보는 어떤 사람들이 있을지 모르지만, 자유 무역은 사람들을 더 부유하게 하는 경향이 있다. 부유한 사람들뿐만 아니라, 모든 사람도[파나가리야(Panagariya) 2019]. 무역은 '경제적 파이(economic pie)'를 더 크게 하고, 모든 사람을 더 부유하게 한다. 이것은 또한 절대 우위를 지니지 않고 따라서 무역 가능성이 더 조금밖에 없는 것 같을지 모르는 나라들에도 적용된다. 리카도(2002)가 지적했듯이, 그것들은 여전히 비교 우위를 지니는데, 이것은 그것들과 그것들의 무역 상대국들이 그러한 무역으로부터 이득을 얻을 수 있게 한다. 이 경제적 이득들에 덧붙여서, 무역은 또한, 흄(1987)이 자기의 소론 ≪무역의 시기심에 관해(On the Jealousy of Trade)≫에서 주장했듯이, 아이디어들과 문화적 경험들의 교환도 촉진한다. 이 근본적인 견해들과 그것들의 긍정적인 결과들은 여전히 타당하다.

자유주의 견해에서는, 자유 무역은 그것이 진정으로 자유로울 때 최상이다. 그것은, 세계 어느 곳에서건, 정부들이나 국제기구들의 간섭 없이, 개인들(이나 개개 회사들) 사이 무역을 의미한다. 이것은 달성하기 어려웠다. EU의 내부 시장이 크게 발전했지만, 아직도 EU 안에 무역 장벽들이 있고, EU의 외부 무역 정책은 어떤 지역들에서는 개방적으로 여겨지지만, 다른 지역들에서는 보호무역주의적으로 여겨진다. 미국이 이 점에서 더 낫지도 않고, 세계 대부분 나라는 훨씬 더 나쁘다.

역사는 국제 무역에 대한 태도들이 끊임없이 바뀌고 있다는 점을 보여준다[어윈(Irwin) 1996]. 때때로 그것은 인기가 있고 경제 및 정치 엘리트들에 의해 받아들여지지만, 비자유주의 사상가들의 영향을 받아, 민족주의 및 보호무역주의 감정의 고조 때문에 자유 무역이 단축되는 반대 운동들이 항상 있다. 정부들은 거의 항상 관세들, 수입 할당들 혹은 규제들을 통해 무역을 제한하거나, 규제하거나, 과세할 이유들을 찾았다. 어윈은, 많은 초기 기독교 교회 지도자들이 그랬듯이, 고대 그리스인들과 로마인들이 무역을 경멸했다고 설명한다. 18세기가 되어서야 자유 무역의 사상이 고전적 자유주의 전통 안에 확고하게 정착했는데, 그때 스미스(1981)는 1776년에 ≪국부의 본질과 원인들의 탐구(An Inquiry into the Nature and Causes of the Wealth of Nations)≫를 썼다. 그러나 우리는 스미스를 자유 무역 사상의 '창안자(inventor)'로 보아서는 안 된다. 자기 자신의 공헌들 외에도, 그는 프랑스 중농학파, 스페인의 살라망카학파, 화란 사상가들[예를 들면, 흐로티위스와 버너드 맨더빌(Bernard Mandeville)], 잉글랜드와 스코틀랜드의 사상가들, 게다가 14세기 북아프리카 철학자 이븐 할둔(Ibn Khaldun)의 그것들에 의거하였고 개선하였다.

19세기는 아마도 가장 잘 알려져 있을 무역 투쟁을 목격했는데, 이것은 맨체스터학파의 활동가들, 가장 뚜렷하게 리처드 코브던(Richard Cobden)과 존 브라이트(John Bright)에 의해 시작되었다. 그들은 보호무역주의 곡물법들의 폐지를 위해 싸웠고, 그들은 결국 성공했다. 1860년, 코브던은 또한 영불 무역 조약(코브던-슈발리에 조약; Cobden-Chevalier Treaty)을 협상하기도 했다. 그러나 이 사상들은, 그중에서도 특히, 독일 사상가 프리드리히 리스트(Friedrich List)(1841)의 도전을 받았는데, 그는 무역에 대한 규제들과 제한들의 찬성론을 폈다.

그의 견해들은 그 이후 보호무역주의 사상가들에게 영감인 채로였다.

추세는, 제2차 세계 대전 후, 산업화한 국가들 사이 관세들이 연속하는 관세와 무역에 관한 일반 협정(General Agreement on Tariffs and Trade; GATT) 라운드들 아래에서 아래쪽으로 협상되었을 때 바뀌는 것 같았다. 한 국제 무역 기구(International Trade Organization; ITO)가 1944년 브레턴우즈 회의(Bretton Woods conference; 재무부 대표들이 참석했지, 통상부 대표들이 참석하지 않았음 – 옮긴이 주)에서 제안되었었는데, 후자[의 회의]는 세계은행(World Bank)과 국제 통화 기금(International Monetary Fund; IMF)의 설립으로 끝났다. ITO가 결코 미국 국회에 의해 비준되지 않았으므로, 국제 무역 협상들은 GATT 아래 계속되어 드디어 1995년 1월 1일에 세계 무역 기구(World Trade Organization)가 설립되었다.

WTO는 분쟁 해결 과정을 포함했고 또한 비관세 장벽들을 줄이는 협상장이 되었다. WTO 회원 자격이 확대되고 의제가 넓어짐에 따라, 많은 서로 다른 이익 집단과 항의는, 2001년에 시작했던, 다국 간 무역 협상에 관한 도하 라운드(Doha Round)의 사실상 포기로 이어졌다. 작은 조치들이 취해졌지만, 대부분 나라는 양국 간 혹은 복수국 간 무역 협정들을 협상하는 데 의지했다. 반대자들은 WTO를 자유주의 세계 질서의 예로서 보지만, 샐리(Sally)(2008)는 더 자유로운 무역에 대한 충동들이 국제기관들에서 생기지 않는다고 주장한다. 고전적 자유주의자들은 WTO를, 대부분 혹은 모든 무역 장벽이 제거되는, 진정으로 개방적인 무역에 대한 차선의 해결책으로 여긴다. 소위 자유 무역 협정들(free trade agreements; FTAs)은 실제로 특혜 무역 협정들(preferential trade agreements; PTAs)인데, 여기서는 많은 부문이 국제 경쟁으로부터 보호되는 채로이다. 그러므로 WTO와 PTA들은 진정한 자유 무역에 반대되는 규제되는 무역의 예로 여겨져야 한다.

자유 무역과 평화

자유주의 전통에서 많은 사람은 무역의 진정(鎭靜) 효과들에 관해 지나치게 낙관주의적인 견해들을 지니고 있다. 그렇지만 무역과 평화 사이에는 고유의 관계가 없다(판 데 하르 2010, 2020a). 무역이 평화를 촉진한다는 명제의 기초가 되는 지배적인 생각은 다음과 같다: 국경들을 건너서 재화들과 서비스들을 사고파는 것은 평화로운 활동이다. 무역 거래들에 합의하는 것은 국경의 양쪽에서 연루되는 개인들 사이 유대를 촉진한다. 무역으로부터 모든 그런 개인 유대는, 맨 먼저 경제적으로지만, 또한 사회적으로와 정치적으로도, 이치에 맞다. 이것은 국가들을 상호 의존적으로 만든다. 결과적으로, 전쟁을 기도할 때, 나라들의 지도자들은 또한 나라들 사이 무역 관계에 가해지는 해와 수반되는 경제적 비용들도 고려해야 한다. 주장에 따르면, 그들은 그것[전쟁]을 피하기를 원할 것이고, 그래서 이런 식으로, 무역은 평화를 촉진한다. 자유 무역이 평화에 이른다는 생각이 매력 있지만, 세계는 그리고 전쟁을 일으키는 것에 관한 우리의 선택들은 그렇게 간단하지 않다.

 데이비드 흄과 애덤 스미스는 자유 무역과 평화 사이에 자동적인 관계가 있지 않다고 이미 언급했었다. 한 가지 이유는, 인간 본성은 여전히 변하지 않았고, 그래서 얼마나 많은 무역이 있건 상관없이, 폭력과 분쟁이 여전히 존재하기 때문이다. 또한, 비록 국제 무역이 한 나라에서 자발적인 구매자들과 판매자들이 다른 나라들에서 그들의 상대자들과 거래하는 것에 관한 것일지라도, 무역은 일정 국가들을 더 부유하게 만드는 것으로 여겨지고, 이것은 흄이 '무역의 시기심(the jealousy of trade)'이라고 부른 것에 이른다. 더 부유한 민족들의 정부들은 더 많은 무기류를 사는 데 자기들의 증가한 세입을 사용할지 모르고, 이것은 군비 경쟁과 더 분쟁에 취약한 외교 정책에 이를지 모른다.

 무역은 평화를 촉진할 수 없는데, 왜냐하면 그것이, 문화적 및 종교적 차이, −더욱더−희귀한 재료들을 포함하는 천연자원들을 얻기 위한 투쟁, 혹은 국경 분쟁들에 대한 강대국들이나 그것들의 대리 국가들 사이 더 전통적인 충돌들 같은, 많은 다른 전쟁 원인을 극복할 수 없기 때문이다. 전쟁 전문가 코커(2014)가 설명했듯이, 국가들은 또한 어떤 인식된 더 높은 목표를 얻기 위해 자기들의 경제적 이익에 반해 행동할지도 모른다. 문헌은 전쟁의 원인들이 종종 다면적이고 복잡하다는 점을 지적한다. 전쟁들이 일어나는데, 왜냐하면 사람들이 목표들과 고충들의 형태로서 이유들, 충분한 자원들 그리고 그것들을 일으킬 결단을 지니기 때문이다. 무역 관계는 전쟁 원인들의 혼합에서 그저 한 요인일 뿐이고, 우연, 운, 혹은 공공 정책에 공교롭게도 영향을 미치는 개인들의 무모한 행동은 말할 것도 없다. 수가나미(Suganami)(1996)는 국제 상업이 그저 '완전히 효과적인 전쟁 반대 방안'이 아닐 뿐이라고 주장한다. 자유무역주의자들이 기대할 수 있는 최대한도는 무역 관계의 보호가 어느 정부가 전쟁을 일으키지 않기로 결정하는 데서 요인 중 하나일지 모른다는 점이다. 때때로 무역이 평화를 정말 촉진하지만, 그것은 고려에서 요소 중 그저 하나일 뿐이다. 예를 들면, 우크라이나와 러시아는 2022년에 여전히 무역 관계를 지니고 있었는데, 하기야 러시아가 2014년에 크림을 차지한 후 이것이 현저하게 줄었었긴 하다. 그것은 러시아가 우크라이나를 침략하는 것을 단념시키지 못했다.

무역과 평화 사이 관계에 관한 논쟁은 더 최근의 '민주주의 평화(democratic peace)' 논쟁, 때때로 또한 '자유주의 평화(liberal peace)'에 관한 논쟁이라고도 불리기도 하는 것과 같지 않다. 이것은 확립된 민주주의 나라들이 서로 싸우지 않는다는 경험적으로 더 강건한 주장인데, 하기야 그것들이 다른 나라들과 통례적으로 전쟁을 일으킬지 모르거나 그것들이 아직 초기이고 불안정할 때는 서로 싸울지 모른다고 할지라도 그렇다. 경험적으로 강건한 설명의 탐색이 20년 동안 국제 관계 학자들을 안

내했지만, 확고한 결론에 도달하지 못했는데, 부분적으로 방법론적 제약들 탓이다. 때때로 이런 종류의 연구에서 변수 중 하나는 무역인데, 하기야 이것은 대개 양자 간 무역에 관한 것이고 다자 간 무역과 기업 내 무역은 종종 간과되긴 한다. 이 글을 쓰고 있는 때, 논쟁은 계속되고 있다.

세계화

무역이 그 자체 항상 평화에 이르지 않을지 모른다고 해서, 무역의 다른 긍정적인 효과들이 간과되어야 하는 것은 아니다. 고전적 자유주의자들은 자유 무역의 확대가 좋은 것이라고 강력하게 주장하고 그러므로 추가의 자유화를 지지한다. 국제 무역을 통해서지만, 또한 현대 통신, 축소된 여행 시간, 즉시 뉴스 미디어, 금융 시장들 그리고 그 밖의 혁신들 결과로, 세계는 지금까지보다 더 얽히게 되었고 상호 의존적으로 되었다. 오늘날의 세계가 지금까지보다 훨씬 더 세계화되어 있다는 점은 거의 말할 필요도 없다.

 많은 정의가 있지만, 세계화는 여기서 사람들이, 경제, 스포츠, 통신, 여행 그리고 문화 교류를 통하여, 상호 연결성이 증가하는 세계적 현상으로 정의된다. 세계화는 고전적 자유주의 이상인데, 왜냐하면 그것은 개인들이, 물론 현지 혹은 특정 상황에 따라, 자기들의 삶을 더 큰 자유에서 살 가능성을 증가시키기 때문이다. 평균적으로, 젊은 서양 여자는 미얀마나 아프가니스탄에 있는 나이 든 사람보다 세계화로부터 더 많이 이익을 얻을 것이다. 그러나 어쩌면 실로 가장 가혹하고 격리된 독재 정권들로 고통받는 사람들을 제외하고는, 모든 사람이 여전히 이익을 얻는다.

 지금 적어도 20년간 세계화에 관해 다면적인 논쟁이 있었다. 어떤 사람들은 무역과 세계화가 환경에 나쁘다고 주장하고, 세계화된 경제에서 경쟁에서 지는 집단들에 집중하는 노동조합주의자들이 있으며, 소득의 면에서지만, 아동 노동을 포함하여, 서양 다국적 기업들에 의한 더 가난한 나라들 사람들의 착취를 통해서도, 선진 세계가 개발 도상국들의 희생으로 더 부유해지고 있다고 주장하는 어떤 사람들이 있다. 그리고 이것들은 그저 소수의 예일 뿐이다. 그러나 바그와티(Bhagwati) (2004)는 대부분 이 주장이 허위이거나 문제들이 부분적으로나 전체적으로 해당 나라들에서의 국내 정책들에 기인한다고 주장한다. 오늘날 세계화의 많은 반대자는 반자본주의, 반기업 혹은 반서양일 것 같다. 참으로, 마르크스주의자들은, 사회적, 문화적 그리고 정치적 교환에 기초하여 세계의 서로 다른 지역을 연결하는 초기 세계화 삽화들이 있었지만, 현대 세계화가 세계적 자본주의로 여겨져야 한다고 주장했다[게르만(German) 2018]. 노르베리(Norberg)(2001)는 자기 책 ≪세계적 자본주의를 옹호하여(In Defence of Global Capitalism)≫의 제목에서 이 점을 인정하는 것 같지만, 울프(Wolf)(2005)는 자기 책 ≪세계화가 작동하는 이유(Why Globalization Works)≫에서 오늘날의 세계화를 옹호한다.

고전적 자유주의 국제 관계 이론을 공식화하는 데, 세계화와 민족 국가 사이 관계에 관한 질문들이 있을 것이다. 예를 들면, 세계화가 전 세계적 시민권을 지지하여 개인들과 그들의 민족들 사이 유대를 침식하는가? 이것은 오늘날 자유주의 안에서 논쟁인 채로이다. 세계화는 세계 경제를 해방하는 것에 관한 것이고, 무역의 기회들을 증가시키며, 게다가 증가하는 통신과 사회, 정치 및 문화 교환 같은 쟁점들을 역점을 두어 다룬다. 그것은 또한 작동하기도 한다: 세계는 많은 점에서 더 낫고, 더 깨끗하며, 더 건강한 곳이 되고 있는데, 이것은 확실히 자본주의와 세계화 때문이다[노르베리 2017; 로슬링(Rosling) 2018]. 많은 고전적 자유주의자에게는, 이것들은 반드시 국가 정부들이 연루될 필요가 없는 연결 고리이다. 그러나 많은 세계화 측면은 국가들 사이 규제들이나 협정들이 정말 필요하고, 그래서 많은 면에서 세계화된 세계는 또한 국가들의 세계로 보일 수 있다. 고전적 자유주의자들은, 개인의 자유와 복리를 위해, 세계화를 지키고, 전 세계에 확대하기를 원한다.

개발 원조

고전적 자유주의자들은 자유 무역과 세계화가, 가장 못사는 국가를 포함해서, 모든 국가의 발전에 이바지하는 최상의 방식이라고 생각한다. 그렇지만 번영은, 재산권들의 보호와 정직하고 접근할 수 있는 사법부 같은, 좋은 국내 정책들과 제도들에 달려 있다. 많은 고전적 자유주의자는 정부에서 정부로의 개발 원조에 반대했다. 고전적 자유주의 금언은 '무역이지, 원조가 아닌(trade, not aid)'이다.

개발 경제학자 피터 바우어(1971)는 개발 원조의 의도하지 않은 결과들을 지적한 첫 번째 사람들에 속했고, 그것이 '부유한 나라들의 가난한 사람들로부터 가난한 나라들의 부유한 사람들로 돈을 가져오는 것'이라고 주장했다. 화폐 이전들의 형태로서 정부에서 정부로의 개발 원조는 종종 개발 도상국들의 엘리트들이 정권을 유지하도록 하지만, 수령하는 나라들에서 더 넓은 주민의 운명이 좀처럼 향상되지 않도록 확실히 했다. 고전적 자유주의자들과 그 밖의 사람들은 만약 더 가난한 나라들이 계획 경제들의 근절, 사회생활의 자유화, 그리고 서로 및 선진 경제들과 무역의 증가 같은 더 나은 국내 정책들을 도입한다면 그들이 더 부유해질 더 나은 기회를 지닌다고 주장한다. 개발은 사람들 자신들에게 달려 있다. 그들은 자기들의 삶 상황을 개선할 기회가 허용되어야 한다.

바우어는 루트비히 폰 미제스와 F. A. 하이에크의 친구였는데, 후자들도 역시 국가에서 국가로의 개발 원조를 강하게 반대했다. 미제스는 오직 자본주의와 자유방임 정책들만이 가난한 사람들의 상황을 개선하는 데 도움이 될 수 있을 것이라고 주장했다. 서양은 그렇게 하지 못한 나라들(종종 이전 식민지들)에 대해 죄의식을 느낄 필요가 없었는데, 왜냐하면, 많은 경우, 빈곤에 이른 것은 그들의 집산주의 경제 정책들이었기 때문이다. 하이에크는 이 사고방식을 충분히 지지했고 새로 태어난 나라들의 지도자들이 종종 자기들의 사회주의 견해들을 자기들이 교육받은 서양 대학교들에서 얻는다고 지적했다. 나쁜 정책들은 나라들을 계속 가난하게 해 둘 것이다. 하나의 예는 많은 나라가 부추긴 너무 빠른 산업화였다. 이것은, 식품 연쇄에서 부족량들을 다룰 수 있었을, 농업 정책들의 정규적인 발전에 치명적이었다. 바우어, 미제스 그리고 하이에크의 일반적인 입장은 자본주의가 없으면 이 나라들이 그저 더 가난해질 뿐일 것이라는 점이었다(판 데 하르 2009).

이 고전적 자유주의 통찰들은, 이스털리(Easterly)(2002, 2013), 그리고 자신을 피터 바우어의 제자라고 밝힌, 잠비아 저자 모요(Moyo)(2009) 같은, 많은 경제학자가 수행한 경험적 연구 때문에 더욱더 인기가 있게 되었다. 최근 노벨상 수상자들 배너지(Banerjee)와 뒤플로(Duflo)(2011)는 아마도 자신들을 고전적 자유주의자로 여기지 않을 것이지만, 더 가난한 사람들의 일상생활과 행동에 대한 그들의 경험적 연구는 고전적 자유주의자들이 동의할 증거를 종종 제공한다. 파머(Palmer)와 워너(Warner)(2022)는 오직 개인들이 자치 행위자로서 소중히 여겨지고 개발에 대한 '존엄 우선(dignity-first)' 접근법이 취해지는 경우에만 번영이 달성될 수 있다는 점을 강조한다.

고전적 자유주의자들은 양자 간 혹은 다자 간 선물들의 형태로서 정부 개발 원조에 회의적이지만, 그들은 비국가 자선을 반대하지 않고, 비정부 기구들(NGO들)이 그것들, 그것들의 기부자들 그리고 수령자들이 적합하다고 보는 방식으로 여전히 자유롭게 돈을 모으고 그것을 써야 한다고 믿는다. 목적들과 효과성은 그들의 문제인데, 비록 고전적 자유주의자들이 많은 국제 NGO에 의해 옹호되는 정책들에 의견이 다를지 모르고, 후자들이 종종 가족주의적 견해를 지니고 있으며, 때때로 무역 보호주의와 그 밖의 사회주의 정책들을 계속해서 옹호한다고 할지라도 그렇다. 자연재해나 분쟁 후에 즉시 외국 긴급 구호는 덜 논쟁적이지만, 재건을 둘러싼 정책들은 때때로 정부들이 자기들의 통제를 증가하고 경제적 자유를 제한하는 것에 이를 수 있다. 대체로, 고전적 자유주의자들은, 약간의 정부 개발 원조가 때때로 의도된 수령자들과 가장 필요한 사람들에게 도달할지 모르지만, 국내 정책들과 사람들에서 사람들로의 연결 고리들이 훨씬 더 중요하다는 점을 확신한다.

구성 요소들을 모으기

고전적 자유주의 국제 관계 이론의 가장 중요한 구성 요소들이 이제 소개되었다. 다시, 그것들 각각에 관해 훨씬 더 많은 것이 이야기될 수 있고 종종 이야기되었다. 그렇지만 여기서 목표는 이론의 주요 형세를 제시하는 것이지, 모든 세부 사항을 토론하는 것이 아니다. 또한, 서론에서 강조되었듯이, 한 이론은 절대 완전하지 않고 가능한 모든 질문이나 쟁점과 씨름할 수 없다.

그러나 다른 IR 이론들과 비교하면, 고전적 자유주의 이론은

- 첫째 원리들에서 생기고;
- 그것이 가장 중요한 대표자들의 견해들과 이론들에, 몇 세기의 기간에 걸쳐, 견고한 기초를 지니며;
- 대부분 다른 (자유주의) IR 이론보다 더 많은 개념을 포함하고;
- 국제 관계의 많은 질문을 분석하고, 해답들과 해결책들을 제공하는 데 도움이 될 수 있다.

고전적 자유주의 IR은, 인간 본성에 관한 현실적인 견해와 개인들과 집단들, 특히 민족과 국가, 사이의 관계에 기초한 상향식 이론이다. 많은 고전적 자유주의자가 민족 국가를 국제 관계에서 주요 행위자로 여기는 것은 자연스럽다. 고전적 자유주의는 분쟁과 전쟁의 불가피성을 인식하고 그것들의 유감스러운 발생을 다루는 것을 목표로 삼는다. 한편, 이것은, 세력 균형 같은, 자생적 질서의 힘들을 통해 달성될 수 있지만, 다른 한편, 고전적 인권들을 보호하기 위해 약간의 제한되어 있지만 강력한 국제법이 필요한데, 한정된 수의 기능적인 국제 정부 기구들과 함께다. 자유 무역(이것은, 평화를 촉진하지는 않지만, 다른 막대한 편익들을 가져온다), 세계화 그리고 정부에서 정부로의 개발 원조에 관한 회의론 같은, 건전한 자본주의 원칙들이 적용되어야 한다. 마지막으로, 억제의 요구, 즉 마지막 수단으로서 군사 개입, 이민에 대한 몇몇 제한(비록 이것이 여전히 고전적 자유주의 논쟁점이라고 할지라도), 민족주의 같은 집합주의 관념들은커녕, 제국주의에 자리가 없음 같은 것이 있다.

요약하면, 고전적 자유주의 국제 관계 이론의 형태학은 표 3에서 볼 수 있다.

표 3 고전적 자유주의 국제 이론의 형태론

핵심 개념들	현실적인 인간 본성관; 민족; 국가; 주권; 정전; 세력 균형; 자유 무역; 세계화.
인접 개념들	인권들; 외교; 국제법; 국제 기구들.
주변 개념들	이민; 군사 개입; (마지막) 수단으로서 연방.

제국, 민족주의 그리고 정부에서 정부로의 개발 원조에 자리가 없다는 점을 언급하는 것이 중요하다.

제3부: 국제 관계 이론

10 자유주의 IR 이론들

놀랍게도, IR에서 자유주의가 지닌 널리 인정되는 영향력을 고려하면, 이 주제에 관한 문헌이 거의 없고, 고전적 자유주의와 IR 이론에 관해서는 더욱더 적다. 자기가 최근 편집한 책에서, 이외르겐센(Jørgensen)(2021)은, 비록 그저 유럽 시각으로부터일 뿐일지라도, 충분한 개관을 제공하려고 시도한 몇 안 되는 학자 중 한 사람이다. 이 부에서는, 우리는 더 많은 맥락을 제공하려고 한다. 첫째, 우리는 고전적 자유주의 IR 이론과 그 밖의 자유주의 국제 관계 이론들 사이 관계를 검토한다. 다음 장은 고전적 자유주의 IR을 더 넓은 IR 이론적 틀 안에서 보는 방법의 질문을 클로즈업할 것이고, 이 부의 세 번째 장은 국제 관계 질문들에 관한 리버테리언들의 견해들을 제시할 것이다. 이 제3부의 전반적인 목적은 고전적 자유주의가 전반적인 자유주의 IR 틀의 어디에 꼭 맞는지를 보여주는 것이다.

일반적인 소개 후에, 이 장은 주요 자유주의 IR 이론들의 짧은 개관을 제공한다:

- 자유주의 국제주의;
- (신)자유주의 제도주의;
- 기능주의와 상호 의존;
- 체제 이론;
- 내장된 자유주의;
- 자유주의 평화 이론;
- 그 밖의 자유주의들.

자유주의 IR 이론의 형세

자허(Zacher)와 매슈(Matthew)(1995)는 자유주의를 진보적이고, 협동적이며, 현대주의적이라고 서술하는데, 이것은, 오랫동안 국제 관계 이론에서 다른 지배적인 패러다임이었던, 현실주의의 반대이다. '진보적(progressive)'이라는 호칭은, 이 책 첫 부에 소개된 사회적 자유주의와 관련되는데, 자허와 매슈에 따르면, 자유주의자들이 국제 관계에 대한 자기들의 접근법이, 인간 이성의 힘과 사용에 기초하여, 평화, 번영 그리고 정의를 확립함으로써 더 큰 인간 자유를 촉진할 것이라고 믿는다는 점을 의미한다. 자유주의는 또한 '협동적(cooperative)'이라고 여겨지기도 하는데, 왜냐하면 그것이 국가들과 그 밖의 국제 행위자들 사이 협동을 강조하기 때문이다. 그것은 '현대주의적(modernist)'인데, 왜냐하면 자유주의자들이 세계를 현대화하기 위해 자유 민주주의, 국제 상호 의존 그리고 제도들, 게다가 집단들과 개인들의 통합 같은 개념들의 수용으로 국제 관계들이 바뀔 수 있다고 믿는 것으로 여겨지기 때문이다. 자허와 매슈는, 비록 그들이 또한 서로 다른 자유주의 IR 이론을 구별하기도 할지라도, 이 세 요소가 세계 정치에 관한 주요 자유주의 견해들을 정확히 포착한다고 주장한다. 그들에게는, 자유주의는 도덕적 성격과 물질적 복지 면에서 세계의 극적 향상을 나타낸다. 이것들은 자유주의 IR 이론가들이 이런저런 형태로 종종 반복하는 극적 주장이다. 그러므로, 자유주의자들이 종종 이상주의자, 혹은 이상향주의자라고 불리는 점을 이해할 수 있다.

여기서 제시된 고전적 자유주의 이론과 비교하여, 대부분 다른 자유주의 이론은 정치 철학에 덜 견고한 기초들을 지니고 있다. 그저 소수만이 명시적으로 자유주의 정치 이론가들의 저작에 의지하고, 다른 사람들은 그저 한 개 혹은 그 이상만 자유주의 견해를 채택해서 그것들을 자기들의

'자유주의(liberal)' 이론을 위해 사용한다. 그 결과는, 조금도 과장하지 않아도, 인상적이지 않다. 자유주의 국제주의에 관한 자기의 책에서, 얀(Jahn)(2013)은 IR 이론에서 자유주의가 단편적이고, 다양하며, 서투르게 혹은 기껏해야 부분적으로 정의되어 있고, 자유주의 정치 이론에 대한 명백한 관계가 종종 없다고 언급한다.

예를 들면, 앞에 언급되었듯이, 많은 현대 자유주의 IR 이론은 대충 사회적 자유주의인데, 이것은 사회적 정의에 대한 관심사에 이른다. 이것은 전체적으로나 부분적으로 존 롤스의 연구와 그의 독창적인 저작, ≪정의론(A Theory of Justice)≫(롤스 1999)에 의지하는데, 후자는 20세기에 정치 철학에 관한 가장 영향력 있는 책 중 하나로 여겨진다. 그것 안에서, 그는 정의를 공정으로 규정했고, 공정한 사회가 고전적 인권들을 보호해야 하지만 또한 두 가지 규칙을 따라야 한다고 믿었다:

(1) 모든 사람에 대한 평등한 기회들;
(2) 더 부유한 사람들의 진보는 오직 가난한 사람들이 그만큼 이익을 볼 때만 정당화된다.

그렇지만 이것은 단지 국경이 있는 사회들 안에서 정치만을 위할 생각이었다. ≪제국민의 법(The Law of Peoples)≫(롤스 2002)에서, 그는 국제 문제에 대한 자기 이론의 함의들을 고찰했다. 그는―다수의 자기의 지적 숭배자들에게 아주 실망스럽게도―자기의 초기 이론이 국제적으로 적용될 수 없고, 그러므로 자기가 공정한 국가들의 범세계주의적인 세계 질서를 믿지 않는다고 결론지었다. 대신, 그는 오직 국가들의 작은 집단만이 늘 정당할 수 있을 것으로 결론지었다. 결과적으로, 그의 국제 이론은 소수의 공정한 국가가, 정의를 다른 방식으로 보는, 불공정한 국가들의 더 크고 더 다양한 집단을 어떻게 다루어야 할지에 집중했다. 롤스는 국제적 불평등을 주어진 것으로 여겼는데, 롤스가 국내 정치에서 정의와 국제 정치에서 정의를 구별한다는 점을 언급하는 것이 중요하다. 모든 현대 자유주의 IR 이론이 똑같은 구별을 하지는 않는다.

그럼에도 불구하고, 자허와 매슈보다 조금 더 세부 사항을 제공하기 위해, 자유주의 IR 이론들을 급히 살펴보는 공통 실마리들은 다음과 같은데, [첫 번째 항목에 서술된] 신념을 포함한다:

- 세계 평화가 달성 가능한데, 왜냐하면 인간들이 전쟁과 분쟁을 극복할 만큼 충분히 합리적으로 여겨지기 때문이다;
- 민족 국가는 세계 문제에서 문제가 되는 행위자이고, 이것은 단축될 필요가 있는데, 특히 외교관들, 군사령관들 그리고/혹은 소위 군산 복합체 같은 '전쟁광(warmongering)' 엘리트들이라고 지칭된 사람들이 그렇다;
- 이익 집단들과 여론이 외교 정책 의사 결정에 끼치는 평화 회복 영향이라고 주장되는 것이 있다;
- 평화 지향 외교 정책들은 또한 국내 제도 장치들, 가장 뚜렷하게 민주주의로 촉진될 수도 있다;
- 권력 정치의 효과들을 극복하거나 무력하게 하고 민족 국가에서 권력을 빼앗는 데 정부 간 및 비정부 기구들의 중요한 역할이 있다;
- 국제 무역은 평화를 촉진하는 데 도움이 된다;
- 그리고 더욱 최근에는, 민주주의를 증진할 인도주의적 개입에 대한 지지.

요컨대, 그것은 국제적으로 함께 일하고, 국가 역할 축소와 평화 촉진에 국제 협력을 사용하며, 국내적으로 정체들을 향상하는 것에 관한 것이다. 참으로, 상당히 낙관적인 세계관.

자유주의 국제주의

가장 오래된 자유주의 국제 관계 이론은 자유주의 국제주의(liberal internationalism)이다. 그것은 국제 관계를 서술하는 것뿐만 아니라 세계를 더 평화롭게 만들기 위해 그것을 개혁하는 것도 목표로 삼았다. 자유주의 국제주의자들은, 고전적 자유주의자들과 달리, 상당히 긍정적인 인간 본성관을 지니고 있다. 그들은 국제 수준에서 국가 행동을 통해 국제 영역에 지속적인 변화를 가져올 가능성을 높이 평가한다.

자유주의 국제주의의 기원은 18세기와 19세기로 날짜가 거슬러 올라간다. 영국에서는, 그것은 코브던의 자유 무역과 비개입주의 호소, 벤덤 신봉자의 국제법 강조 그리고 칸트의 초국가적 국가 간 기구로 기원이 거슬러 올라갈 수 있다.

모두 자기들 자신의 변종에 집중하는, 많은 서로 다른 자유주의 국제 이론가가 있지만, 그들은 아래 견해들을 공통으로 지니고 있는데, 이것들은 위에서 언급한 자유주의 IR 이론의 가장 중요한 특징들과 거의 같다. 이 점은 자유주의 국제주의의 지속적인 영향력에 관해 많이 이야기한다. 게다가:

- 자유주의 국제주의자들은 외교, 전쟁 그리고 세력 균형을 비판하고, 그것들을 회피하거나 근절하는 것을 목표로 삼는다.

- 국제 개혁은, 외교관들과 장군들의 영향력을 줄임으로써, 평화를 애호하는 일반 대중이라고 주장되는 사람들의 영향력을 증가시킴으로써, 그리고, 지난 몇십 년에는, 민주 국가들을 촉진함으로써, 국내 개혁을 통하여 달성되어야 한다.
- 국제기구들의 설립이 유용한데, 국제법, 규칙들 그리고 규범들의 설계와 집행이 그런 것과 마찬가지다. 자유주의 국제주의자들은 국제기구들이 국제 무정부 상태를 극복하고 국제 정의를 촉진하는 데 도움이 된다고 믿는다.
- 국제 (경제) 의존들을 확대하는 것은 국제 관계에서 분쟁들에 대한 평화로운 해결책들을 자극할 것이다.

가장 오래된 국제기구들은 주로 기술적 쟁점들에 관해 국제 협력을 촉진하기 위해 19세기 후반부에 설립되었다. 첫 번째 것은 국제 전신 연합(International Telegraph Union; ITU)이었는데, 이것은 1865년에 설립되었고 후에 국제 전기 통신 연합(International Telecommunication Union)이 되었다. 자유주의 국제주의자들이 또한 분쟁들을 해결하는 데 국제 중재를 많이 강조하기도 했지만, 20세기 초에는, 예를 들면, 헤이그에서 일련의 평화 회의를 통한 국제법의 발전에 대한 더 많은 강조를 목격했는데, 거기에는 미국 철강왕이자 박애주의자 앤드루 카네기(Andrew Carnegie)가 대개 대금을 치르는 국제 평화궁(International Peace Palace)이 지어질 것이다.

몇몇 IR 이론가는 미국 대통령 우드로 윌슨의 1918년 14가지 점(Fourteen Points) 연설을 자유주의 국제주의의 정점으로 본다. 이 연설에서, 윌슨 대통령은 제1차 세계 대전 후 세계에 대한 자기의 견해들을 개설

했고, '크고 작은 국가들에 똑같이 정치 독립과 영토 보전을 보장하기 위해, 공개적으로 도달되는 공개 평화 계약들, 자유로운 국제 경제 거래들, 항해의 자유, 국가 군비의 축소, 식민지인들의 자결, 그리고 국가들의 일반 결사의 형성'(윌슨 1918)을 요구했다. 이것은 제1차 세계 대전 후 국제 연맹(League of Nations)의 창설에 이르렀는데, 후자는, 그 당시 대학 IR 학과들의 사고에 일치하게, 미래 전쟁에 대한 가능한 해독제로 여겨졌다.

자유주의 국제주의의 역사에 관해 훨씬 더 많은 것이 이야기될 수 있는데, 그것에 관해 이외르겐센(2018, 2021)은 균형 잡힌 비판을 제공한다. 그는 자유주의 국제주의가, 그것의 주요 목표, 분쟁과 전쟁의 회피가 조금도 손이 닿는 곳에 있지 않았기 때문에, 완전한 실패작이었다고 결론짓는다. 반면, 자유주의 국제주의 견해들이 여전히 영향력이 있었다. 예를 들면, 비록 국제 연맹이 일반적으로 실패작으로 여겨졌을지라도, 제2차 세계 대전 후 그것은 국제 연합(United Nations; UN)으로 계승되었고, 브레턴우즈 체제의 국제기구들로 보완되었으며, 그때 이후로 많은 다른 국제기구와 체제의 출현으로 보완되었다.

자유주의 제도주의

여러 면에서, 때때로 신자유주의 제도주의라고 불리는, 자유주의 제도주의(liberal institutionalism)는 자유주의 국제주의의 현대 변형이다. 주요 차이점은, 비록 그것이, 국제 질서와 평화를 촉진하는 것으로 여겨지는, 정부 간 제도들과 국제기구들을 통해 국가들의 부정적 행동이라고 주장되는 것을 완화하려고 시도할지라도, 그것이 국가들이 국제 관계에서 하는 중심적인 역할을 인정한다는 점이다. 자유주의 제도주의자들은, 국제 연합, 세계은행과 국제 통화 기금, 세계 무역 기구 같은 주요 국제기구들에 집중하는 경향이 있을 뿐만 아니라, 또한 핵 확산 금지 조약(Nuclear Non-Proliferation Treaty)을, 혹은 동남아시아 국가 연합(Association of Southeast Asian Nations), 걸프 협력 이사회(Gulf Cooperation Council), 기타 등등에서 지역 협력을, 포함하는 여러 중요한 조약에도 집중하는 경향이 있다.

접두사 '신(neo)', 혹은 용어 '신자유주의 제도주의((neoliberal institutionalism)'는 더 새롭고, 더 실증주의적인 방법론적 접근법을 가리키지만, 자유주의 제도주의와 신자유주의 제도주의 사이에 많은 차이가 있는지는 논쟁의 여지가 있다[슈타인(Stein) 2008을 보라]. 여담으로서, 현실주의(realism)도 역시 신현실주의(neorealism)로의 재생을 경험했는데, 이것은 많은 해 동안 IR 이론을 지배한 소위 '신-신' 논쟁에 이르렀다.

자유주의 제도주의자들은 또한 국가들이 국제 체제들과 제도들에서 협력할 가능성들을 탐구하기도 한다. 그들이 사용하는 언어는 자연 과학들의 방법들을 IR에 도입하려는 그들의 시도들과 더 관련되어 있다. 예를 들면, 그들은 국제 제도들에 대한 자기들의 취급에서 정부들에 대한 (게임 이론에서 인용한) 절대적 이득과 상대적 이득에 관해 이야기한다. 이것은 그저 이론에 관한 이야기만이 아니다. 고더드(Goddard)와 크레브스(Krebs)(2021)는 자유주의 국제주의와 자유주의 제도주의가 냉전 종식 후 미국 권력을 정당화하는 미국 외교 정책의 주요 특징이었고, 그때 미국이 적어도 20년간 유일한 세계 초강국이었다고 주장한다.

기능주의와 상호 의존

몇몇 자유주의 제도주의자는, 아주 현저하게 유럽에서, 증가하는 초국가 통합을 추구한다. 이것은 만약 국가들이 자기들의 주권과 자원들을 지역적이거나 심지어 세계적이기조차 한 기구들로 모은다면, 이것이 평화와 번영에 이를 것이라는 생각이다. 기능주의(functionalism)로 알려진 이것의 초기판은 데이비드 미트라니(David Mitrany)에 의해 전개되었다[애시워스(Ashworth) 1999]. 그는 국제 개혁이, 국제 계획을 촉진할 수 있을, 기술 관료적, 기능 특수적 국제기구들을 창설하는 데, 국가 간 메커니즘 대신, 초국가 협회들에 의존한다고 강력히 주장했다.

기능주의는, 앞에서 자유 무역 및 평화와 관련하여 검토된, 국제 상호 의존 개념의 한 변형으로 여겨질 수 있다. ≪권력과 상호 의존(Power and Interdependence)≫에서 코헤인(Keohane)과 나이(Nye)(1989)는 복잡한 상호 의존이 어떻게 작용하는지 상술했다. 그들은 개인들, 집단들 그리고 국가들이 복수의 채널을 통해 일련의 정치적, 경제적 그리고 사회적 관계에 뒤얽히게 되어, 복잡한 상호 의존의 상황으로 끝난다고 암시한다. 그 결과, 그들은 군사 관계가 덜 중요해질 것이고 분쟁의 비용이 훨씬 더 높을 것이라고 믿었다.

체제 이론

관련되는 개념은 체제 이론(regime theory)인데, 이것은 공식적 및 비공식적 규칙들과 협정들을 통해 특정 국제 협력 주제들을 관리하는 사회 제도들에 주로 집중한다. 이 체제들은 군비 통제나 어업 협정들로부터, 삼림 벌채와 씨름하거나 살충제의 사용 같은, 환경 의제의 구체적인 부분들에 이르기까지 걸치는, 넓은 스펙트럼의 기능적 분야들을 망라하는 전문화된 장치로 여겨진다. 영(Young)(1989)이 주장했듯이, 그것은 만약 국가들이 집합적 행동 문제들을 해결하기 위해 세계적 규모에서 기꺼이 협력한다면 아주 중요하다. 체제들은, 예를 들면, 세계 정부나 그 밖의 세계적 공공사업 기관 형태들보다 수립하기가 더 쉽다. 어떤 체제들은 전 세계를 망라하지만, 다른 것들은 더 작은 지리적 영역들을 망라한다. 어떤 것들은 두셋 구성원을 지니고 있지만, 다른 것들은 훨씬 더 많이 지니고 있다. 때때로 이 구성원들은 그저 국가일 뿐이다; 다른 사례들에서는 그들은 또한 비국가 행위자들도 포함한다. 체제 이론가들은 체제들이 국제 무대를 더 예측할 수 있고 덜 무정부 상태이게 만든다고 주장한다. 고전적 자유주의자들은 이런 유형들의 규칙들과 협정들이나 모든 종류의 다수 채널의 자생적 형성에, 그것들이 개인의 자유에 이익이 되고 개인들이나 국가 정부들을 강제하려고 시도하는 하향식 국제기구들로 바뀌지 않는 한, 반대하지 않는다.

내장된 자유주의

자유주의 제도주의의 또 하나의 변형은 러기(Ruggie)의 '내장된 자유주의(imbedded liberalism)'(1982)인데, 이것은 자유주의가 제2차 세계 대전 후 미국 지도 국제 질서에서 국제 통화 기금과 세계은행 같은 국제기구들을 통해 확고하게 되었다고 주장한다. 이것들은 국가들이 자유방임 국제 경제 체제의 경성 효과들이라고 주장되는 것을 복지 국가들과 그 밖의 사회 장치들 같은 개입들로 '연성화할(soften)' 수 있는 것으로 여겨지는 국내 장치들에 '내장되어(embedded)' 있었다. 러기는 국가들이 세계화와 그 결과로 나타나는 국가들 사이 국제 정책 경쟁 때문에 자유주의를 내장하기 위해 개입할 자기들의 능력을 계속해서 잃을 것을 걱정했다.

러기의 주장들의 경험적 타당성은 의심스럽다. 가정된 자유방임 경제 체제는 어느 곳에서도 발견될 수 없다. 사실상, 많은 나라에서 국가 부분은, 코로나바이러스 세계적 유행병 전에, 국내 총생산(gross domestic product; GDP)의 40과 50퍼센트 사이였다. 많은 소위 '연성화 조치(softening measures)'는 아마 틀림없이 개인의 자유와 번영에 많은 해를 끼쳤을 것이다[베른슈타인(Bernstein)과 폴리(Pauly) 2007을 보라]. 세계은행은 확실히 고전적 자유주의 제도가 아니고, 오히려 집합주의 개발 원조 관료제인 반면, IMF는, 최종 대출 기관으로서 자기 역할에서 자기 대출금들에 부착된 '가혹한 조건(harsh conditions)'이라고 주장되는 것에도 불구하고, 많은 비자유주의 국가와 그것들의 엘리트들이 생존하는 것을 도왔다. 그러므로, 고전적 자유주의자들은 '내장된 자유주의'의 경험적 기초뿐만 아니라 그 이론이 하여간 얼마나 자유주의적이었는지에도 의문을 제기할 것이다.

자유주의 평화 이론

지난 몇십 년간 IR 이론에서 중요한 논쟁 중 하나는 민주 국가들이 서로 전쟁하느냐였다. 이것은 또한 국제 질서와 평화를 위해 국내 장치들의 중요성을 지적하는 이론가들에게로 거슬러 올라간다. 확정적인 평결이 없었지만, 제2차 세계 대전 후 많은 선진국 사이에 존재하는 평화에 대한 경험적으로 강건한 주장이 있다(브라운 등 1996).

여기서 흥미로운 점은 민주주의 평화가, 추정컨대 해당 나라들에서 자유주의의 존재 때문에, 종종 '자유주의 평화(liberal peace)'로 불린다는 점이다. 오언(Owen)(1997)과 맥밀런(MacMillan)(1998)이 좋은 예이다. 그들은 '자유주의'라는 용어를 다소 느슨하게 제한된 수의 자유주의 특성에 관해 사용한다. 한 예는 한 자유주의 사상가 — 아주 자주 칸트 — 를, 그의 책 ≪영구 평화론(Perpetual Peace)≫(1795)의 서투른 독서에 기초하여, 자유주의 사상과 '공화주의 평화(republican peace)'의 표준으로 여기고,

자유주의 표준 지참인으로서 칸트의 입장에 의문을 제기하는 증거를 무시할 뿐만 아니라 다른 견해들을 간과하는 곳이다. 몰로이(Molloy)(2017)는 자기의 책 ≪칸트의 국제 관계(Kant's International Relations)≫에서 훌륭한 비판을 제공한다.

틀림없이, '자유주의(liberalism)'라는 용어는 자유주의 평화 이론에서 종종 느슨하게 사용된다. 이것은 사용되는 모든 요소나 견해가 비자유주의적이라고 주장하는 것이 아니라, 선택된 자유주의 이론들이 충분히 완전한 그림을 나타내지 않는다고 주장하는 것이다. 많은 고전적 자유주의자는 민주주의 평화 이론을 미심쩍게 여기는데, 왜냐하면 그것이 인간 본성, 국제 체제에서 근본적인 특성들을 극복할 국내 장치들의 능력, 그리고 무역과 그 밖의 정책들이 끼치는 평화 증진 효과들에 관해 낙관론적 견해에 기초해 있기 때문이다. 지난 몇십 년간 막대한 양의 연구에도 불구하고, 아직도 민주주의 혹은 자유주의 평화 이론에 대한 강건한 설명이 없다.

제2부에서 언급했듯이, '자본주의 평화(capitalist peace)'의 개념에 대해서도 마찬가지인데, 이것은 여전히 IR 문헌에서 논쟁의 주제이다[예를 들면, 맨스필드(Mansfield) 1994; 바비에리(Barbieri) 2005; 맨스필드와 폴린스(Pollins) 2003; 슈나이더(Schneider)와 글레디치(Gleditsch) 2013; 코플랜드(Copeland) 2015를 보라]. 몇몇 필자는, '고전적 자유주의 견해들'을 제시한다고 주장하면서, 이 최신의 논쟁에서 역사적 개념들을 사용하기를 시도한다. 가르츠키(Gartzke)는 자기의 영향력 있는 논문 '자본주의 평화(The capitalist peace)'(2007)에서, 많은 필자를 소개하지만, 그들을 이 책에서 논하는 고전적 자유주의 창시자들의 한 사람으로 포함시키기는 힘들다. 예를 들면, 그의 초점이 코브던에 대해 두어지지만, 또

한 주로 사회적 자유주의자였던 밀에 대해서나, 루소, 벤덤 그리고 노먼 에인절 같은, 어떤 고전적 자유주의 자격 증명서도 없는 사상가들에 대해 두어지기도 한다. 맥도널드(McDonald)(2009)가 훨씬 더 낫지도 않은데, 사상사를 통해 자기 길을 고르고, 선택하며, 때때로 고전적 자유주의 사상을 밟지만, 어떤 확고한 분석도 없이 그렇게 한다.

다른 자유주의들

자연법 자유주의, 경제적 자유주의, 진보적 자유주의, 등등을 포함하여, 많은 서로 다른 자유주의가 존재하는 정치 철학에서처럼, IR 이론가들도 역시 '자유주의'라는 단어에 광범위한 형용사를 붙인다. 이 표지들의 다수는 종종 기존 자유주의 견해들과 이론들의, 다시 배지가 달린 혹은 사소한, 변형물이다. 이것들은, 저자가 자기 자신 종류의 자유주의 변이를 도입할 유혹에 저항할 수 없다는 의미에서, 종종 '고안된 자유주의(invented liberalisms)'이다. 여기서 우리는 그것들을 '다른 자유주의들'이라고 부를 것이다.

마이클 도일(Michael Doyle)과 로버트 코헤인은 기존 자유주의들에 배지를 다시 달거나 고쳐 만드는 데 특별히 영향력이 있었다. 우리는 이미 상업 평화주의(때때로 상업 자유주의라고 불린다)와 공화주의 자유주의를 보았다. 사회학적 자유주의는, 기능주의와 다르지 않게, 초국가 상호작용과 통합을 서술하는 것을 의미한다. 상호 의존 자유주의도 역시 기능주의와 자유주의 제도주의를 가리킨다. 코헤인은 또한 '정교한 자유주의(sophisticated liberalism)'도 도입했는데, 이것은 상업 자유주의와 공화주의 자유주의의 결합이다.

자허와 매슈(1995)는 한 쌍의 다른 자유주의를 제안하는데, 현대 군사 기술의 치명적인 힘 때문에 평화에 대한 상호 이익에 기초를 둔 군사적 자유주의와, 합리적 행동과 증가한 지식이 더 평화로운 국제 관계에 이른다는 견해에 기초를 둔 인지적 자유주의를 포함한다.

'자유주의 헤게모니(liberal hegemony)'를 목표로 삼는 미국 외교 정책의 비판에서, 미어샤이머(Mearsheimer)는 '진보적 자유주의(progressive liberalism)'와 '생활 양식 자유주의(modus vivendi liberalism)' 사이 논쟁이나 투쟁을 논한다[신하(Sinha) 2017]. 전자는 정부 개입을 요구하지만, 후자는 권리들이 정부 간섭 없이 행동할 자유에 관한 것이라고 주장한다. 이것은 사회적 자유주의와 고전적 자유주의 사이 차이와 다르지 않다. 렝거(2013)는 '반이상향 자유주의(dystopic liberalism),' 혹은 사회적 자유주의라고 여겨질 수 있을, 롤스의 ≪정의론≫을 떠받치는 자유주의 변체에 관해 쓴다.

그리피스(2011)는 자유주의 국제주의가 세 개의 주요 지주를 지니고 있다고 주장함으로써 물을 더 흐리게 한다: 공화주의 자유주의, 상업 자유주의 그리고 규제 자유주의. 그것들은 위에서 열거된 특징들을 대개 지킨다. 공화주의 자유주의는, 선진 민주 국가들이 서로 싸우지 않는다는 생각에 기초하여, 민주주의를 보급하는 것에 관한 것이다. 상업 자유주의는 '무역이 평화에 이른다,'는 명제의 반복이지만, 규제 자유주의는 규제에 관해서는 더 적고 국제 규칙들에 관해서는 더 많다.

예외들이 있다. 리처드슨(Richardson)(2001)은, 비록 고전적 변체에 대한 그의 반감이 여전히 실체화되지 않는다고 할지라도, 국제 관계에 관한 사회적 자유주의 견해와 고전적 자유주의 견해 사이 차이점들을 파악하는 것 같다. 도일(1996)은, 다른 저작에서, 외교 정책에서 자유주의들 사이 차이점들을 인식하고, 고전적 자유주의가 권력 정치 쪽으로 기울어지지만, 사회적 자유주의가 평화주의 세계적 정의를 목표로 삼는다고 지적한다. 이 저자들이 여전히 부분 분석을 제공하지만, 적어도 그들은 자기 독자들에게 자유주의 사상에 관해 약간의 심층 분석을 제공한다.

요약하면, 현행 IR 이론에서 수많은 자유주의의 공유된 특성들은 그것들이 대개 낙관적이라는 점, 그리고 이익들의 조화와 국제 협력이 전쟁과 분쟁의 감소에 이른다는 것에 기초하여 세계를 더 낫고 더 평화로운 곳으로 만들 가능성을 믿는다는 점이다. 이 목적들을 달성하기 위해, 국제기구들, 법 그리고 체제들이 촉진된다. 자유주의자들은 또한, 그들이 본질적으로 평화로운 것으로 보는, 여론의 힘을 통해 국내 정치의 본질을 바꾸는 데 집중하기도 한다. 이 따뜻하고, 거의 이상주의적인 믿음들은, 우리가 앞 부에서 보았고 다음 장이 다시 매우 명백하게 하듯이, 고전적 자유주의 국제 관계 이론에 의해 공유되지 않는다.

11 고전적 자유주의, IR 이론 그리고 외교 정책

대부분 현대 자유주의 IR 이론이 고전적 자유주의 견해들과 다르다는 점을 고려하면, 우리는 고전적 자유주의 IR 이론을 더 넓은 IR 이론적 틀 안에서 어떻게 보아야 하는가? 고전적 자유주의는 국제 관계를 보는 철학적 렌즈일 뿐만 아니라 규범적 이론이기도 하다. 그것은 고전적 자유주의자들이 생각하기로 우리가 세계 정치를 어떻게 고찰해야 하느냐와 국제 정치가 어떻게 집행되어야 하느냐이다. 이것은 어떻게 이것이 달성될 수 있을지의 질문을 제기한다. 이 질문에 답하기 위해, 고전적 자유주의 외교 정책에 관한 일단의 일반 원칙이 검토될 것이다.

고전적 자유주의 대 자유주의 IR 이론

이전 장들은 고전적 자유주의 IR 이론과 그 밖의 자유주의 IR 이론들 사이 차이점들을 검토했다. 이것들은 표 4에 요약되어 있다.

표 4 자유주의와 고전적 자유주의 IR 이론 사이 차이점들

자유주의 IR 이론들	고전적 자유주의 IR 이론
세계 평화가 달성될 수 있는데, 왜냐하면 인간들이 전쟁과 분쟁을 극복할 만큼 충분히 합리적으로 여겨지기 때문이다.	분쟁과 전쟁은, 인간 본성의 현실적인 견해에 기초하여, 국제 관계의 영구적인 특성으로 여겨진다.
국가는 세계 문제에서 문제가 되는 행위자로 여겨진다.	국가는 국제 관계에서 수위의 그리고 자연적인 행위자이다.
세력 균형은 문제가 되고 전쟁의 원인이다.	세력 균형은 자생적 질서 메커니즘인데, 이것은 국제 질서를 촉진한다.

다른 행위자들: '전쟁광' 외교관들, 특수 이해관계자들 그리고 소위 군산 복합체의 영향력이라고 주장되는 것은 단축될 필요가 있다. NGO들과 공중의 의견들은 외교 정책 의사 결정에서 고려할 중요한 요소이다.	다른 행위자들: 외교관들, 이익 집단들, NGO들, 여론 그리고 그 밖의 내부 행위자들의 역할에 관한 중립적인 견해가 있다.
인권들의 완전한 목록이 옹호될 필요가 있다.	오직 고전적 인권들만이 옹호될 필요가 있다.
평화로운 국제 관계가 국내 제도적 장치들, 아주 현저하게 민주주의로 촉진될 수 있다(민주주의 평화 이론).	분쟁과 전쟁을 극복하는 데 국내 장치들의 능력에 관해 회의적이다.
정부 간 및 비정부 기구들, 체제들 그리고 국제법에 대한 중요한 역할, 이것들은 권력 정치 논리의 효과들을 극복하거나 중화하는 것을 목표로 삼는다.	국제법, 체제들 그리고 정부 간 기구들의 역할이 중요하지만 제한되고 대개 기능적이어야 하는데, 왜냐하면 그것들이 개인의 자유에 위협이 될 수 있기 때문이다.
국제 무역은 평화를 촉진할 것으로 예상된다.	국제 무역은, 비록 그것이 매우 긍정적인 것이고 좋은 관계를 촉진할 수 있을지라도, 본래적으로 평화에 이르지는 않는다.
군사 개입에 대한, 또한 민주주의 촉진에 대한, 꽤 넓은 지지.	군사 개입은 오직, 대량 학살들 같은, 예외적인 사례들에서만 수용할 수 있다. 민주주의 촉진의 성공에 대한 불신.

고전적 자유주의와 현대 자유주의 IR 이론들 사이 이 차이점들은 적어도 국제 관계에 관해 훨씬 더 많은 자유주의 내부 토론의 필요가 있다는 점을 보여주는데, 국내 정치에 관해 자유주의자들 사이에 토론이 있는 것과 똑같다. 그러나 이것은 또한 외교 정책계에서 뿐만 아니라 학계에서도 뚜렷하게 고전적 자유주의적인 IR 이론의 인정을 요구하기도 할 것이다.

고전적 자유주의와 영국 국제 관계 학파

지금까지, 고전적 자유주의는 다른 자유주의 IR 이론들 및 현실주의와 비교되었다. 고전적 자유주의와 그 밖의 IR 이론들 사이 비교가 흥미롭지만,

고전적 자유주의자들이 마르크스주의, 비판 이론, 구성주의 혹은 녹색 이론 같은 IR 이론들과 의견이 다르다는 점은 명백하다. 더욱 유망한 것은 고전적 자유주의가, 제2차 세계 대전 후 수십 년간, 헤들리 불, 마틴 와이트(Martin Wight), 허버트 버터필드(Herbert Butterfield), 애덤 왓슨(Adam Watson) 그리고 국제 정치 이론에 관한 영국 위원회(British Committee on the Theory of Inter-national Politics)의 그 밖의 회원들에 의해 전개된, 영국 국제 관계 학파와 어떻게 관련되는지 보는 것이다. 지난 20년쯤 동안, 영국학파(English School) 이론은 더 영향력이 있게 되었는데, 종종 IR 이론 강좌들의 일부이다.

영국학파는 때때로 흐로티위스 혹은 국제 사회 접근법과 같다고 생각된다. 최초, 영국학파의 새로움은 그것이 그 당시 두 개의 지도적인 패러다임, 현실주의와 자유주의 사이 중도로서 국제 사회(international society) 개념에 부여한 강조였다. 링클레이터(Linklater)와 수가나미(2006)는 국가들의 사회가 국가들의 체제(아래에서 설명된다)의 상황으로부터 진전의 좋은 예가 되었다고 언급한다. 영국학파 이론의 또 하나의 특징은 세계 정치를 분석하는 데 IR 이론에서 세 전통을 사용한다는 점이다(와이트 1991). 세 전통은 서로 다른 표지로 알려져 있다: 홉스적, 흐로티위스적, 칸트적; 혹은 현실주의, 합리주의, 혁명주의; 혹은 국제 체제, 국제 사회, 세계 사회. 그 전통들은 방법론적 보조 기구로서 유용하지만, 와이트가 표현하듯이, '무한대로 나란히 달리는 철로'로서 여겨져서는 안 된다. 그것들 사이 약간의 중첩이 있고, 모든 견해가 한 표지 아래 깔끔하게 맞을 수는 없다.

매력적이지만, 홉스적, 흐로티위스적 그리고 칸트적 표지의 사용은 부적합한 것으로 드러났는데, 왜냐하면 그 세 전통을 포함하는 견해들이 반드시 이 세 사상가의 견해들에 일치하지는 않기 때문이다. 사실상, 차이점들에 관한 전 하위 문헌이 있는데, 와이트(1991)는 그것들을 소개할 때 그 차이점들을 지적한다. 현실주의는 이해할 수 있는 표지이지만, 합리주의와 혁명주의는 어느 쪽도 만족스럽지 않은데, 왜냐하면 그것들도 또한 그것들과 관련된다고 주장되는 견해들의 내용들에 맞지 않기 때문이다. 그러므로 국제 체제, 국제 사회 그리고 세계 사회 사이 구별이 여기서 사용될 것이다. 그러나 이 표지들조차도 반드시 완전한 별개의 전통들을 나타내지는 않는다. 그것들은 장기간에 걸친 (많은 이론가의) 소수 공통 생각 실타래(threads of thoughts)의 간단한 집단화들로 여겨져야 한다. 어느 전통이 고전적 자유주의와 가장 잘 어울리는지 보자.

세계 사회 전통

세계 사회 전통(world society tradition)은 국가들의 세계를 어떤 형태의 세계 공동체로 혁명적으로 대체하는 것에 관한 견해들을 한데 모은다. 부잔(Buzan)(2014)은 와이트가 원래 무정부주의자들, 공산주의자들 그리고 자유주의자들의 잡다한 무리를 이 전통 아래 포함했다고 설명한다. 그렇지만, 지난 몇십 년간 그것은 제10장에서 고찰된 대부분 자유주의 IR 이론과 동의어가 되었다. 세계 사회는 국제 관계에서 가장 높은 도덕적 목표로 여겨지고, 권력을 대체할 도덕성의 추구는 세계 문제에서 가장 중요한 행동 동기로 여겨진다. 사람들 사이 이익들의 조화에 대한 강한 믿음이 있다. 강조는 국제법에 기초하여 국가들을 초국가 및 국제기구들로, 심지어 연방들로, 대체하는 것에 둔다. 이 점을 고려하면, 고전적 자유주의가 세계 사회 전통에 맞지 않는다는 점이 명백하다.

국제 체제 전통

고전적 자유주의를 국제 체제 전통(international system tradition)과 비교할 때, 이 전통이 종종 현실주의와 같다고 생각된다는 점이 기억되어야 하는데, 왜냐하면 그것이 국제 정치를 계속되는 권력 투쟁으로 여기기 때문이다. 국제 연합과 그 밖에 국제기구들의 존재에도 불구하고, 어떤 권위도 주권 국가들 위에 존재하는 것으로 생각되지 않는다. 그러므로, 국가들은 근본적인 안보 딜레마를 가진 채 무정부 상태 상황에 놓인다. 국제 정치는 영합(零合) 권력 투쟁으로, 즉 한 국가에 대한 이득이 다른 국가에 대한 손실로 이어지는 것으로 여겨지는데, 그들의 이익들이 상호 배타적으로 여겨지기 때문이다. 현실주의자들은 인간 본성을 이기적으로, 세계 정치에 대한 도덕적 관심사를 위한 혹은 국가들의 행동을 조종할 국제적 법적 장치들을 위한 실제 자리가 없는 것으로 본다. 이 장치들이 정말 존재하지만, 국가들은 참여가 자기들의 국가 이익들에 이바지하는 한 참여하는 것으로 여겨지고, 국제법과 국제기구들을 무시하는 것을 정당화하는 데 *국가적 이유*(raison d'état)가 보통 사용된다.

현실주의에 많은 가닥이 있다. 가장 근본적인 경계선은 ─ 투키디데스, 마키아벨리, 홉스, 장-자크 루소 그리고 막스 베버와 관련되는 ─ 고전적 현실주의와 신현실주의, 혹은 왈츠(Waltz)(2010)가 부르듯 구조적 현실주의 사이 것이다. 국제 체제 전통과 관련된 다른 사상가들은 E. H. 카(E. H. Carr), 조지 케넌(George Kennan), 라인홀트 니부어(Reinhold Niebuhr), 헨리 키신저(Henry Kissinger) 그리고 한스 모겐소(Hans Morgenthau) 같은 현대 필자이다. 현실주의는 종종 보수주의와 그리고 최근 몇 년간에는 신보수주의와 관련된다.

신현실주의는 국제 정치 체제가 행위자들에 가하는 제약들을 강조한다.

단위들(국가들)은 기능적으로 다르지 않고 서로 다른 능력을 지니고 있다. 세력 균형은 국가들이 추구할 가장 합리적인 정책이다. 종종 신현실주의는 IR 분석에서 자연 과학 방법론을 채택하는데, 게임 이론이나 죄수의 딜레마, 혹은 통계적 방법들과 자료 집합들의 사용을 통한 가설들의 검증 같은 것들이다. 경제적 쟁점들에 대해서나 국내 행위자들이 국제 관계에 끼치는 가능한 영향력에 대해서 주어지는 관심은 훨씬 더 적다.

　몇몇 독자는 고전적 자유주의와 현실주의 사이 차이에 대해 의문을 제기할지 모른다. 결국, 지금까지 서술된 현실주의와 고전적 자유주의는 많은 견해를 공유하는 것 같은데, 세계 정치에서 민족 국가의 중심적 자리, 세력 균형의 진가 인정 그리고 전쟁이 때때로 불가피하다는 인식 같은 것들이다. 그러나 이것은 이야기의 그저 일부일 뿐이다. 고전적 자유주의자들은 국제 체제 사상가들보다 국제 질서의 가능성에 관해 더 긍정적이다. 그들의 관심은 국가의 이익들보다는 개인의 자유에 있고, 그들은 강대국 관리의 원칙을 덜 간절히 받아들이고 싶어 하는데, 모든 국가가 주권에 대한 자기들의 권리를 존중받아야 하기 때문이다. 국제법과 기구들이, 소중하지만, 개인의 자유를 보호하는 데 국한되어야 한다. 그것들은 그저 국가의 이유들만으로 폐기될 수 없다. 세계 정치는 공공연한 무정부 상태가 아니라 도덕적 관심사와, 약속들을 지키는 것 같은, 규칙들을 위한 자리를 가진 민족 국가들의 무정부 상태 사회이다.

　고전적 자유주의자들은 현실주의 인간 본성 견해를 받아들이지만, 현실주의자들은 더 부정적인 견해를 지닌다. 차이점은 고전적 자유주의자들이 인간들의 사회적 본질을 인식하고 인간들이 본래적으로 이기적이라는 생각을 거부한다는 점이다. 고전적 자유주의자들에게는, 민족들의 사회가 가장 안정적인 국제 질서를 제공하고, 후자는 그다음 개인의 자유를 확실하게 하거나, 적어도 자유를 확실하게 할 최상의 국제 조건들을 제공한다. 이것이 실제로 그 개인에게 사실일지는 물론 국내 장치들에 달려 있다. 고전적 자유주의자들에게는, 민족들의 무정부 상태 사회로 조직되는 세계 정치가 노골적인 무정부 상태의 국제 체제보다 선호되고, 후자는 종종 덜 예측 가능하고 고전적 자유주의 견해들에 덜 개방되어 있는데, 이 [고전적 자유주의] 견해들은 세계화, 자유 무역, 정전(正戰) 규칙들에 구속되는 전쟁, 약간의 힘을 가진 국제법, 기능적 국제기구들, 그리고, 종종 권력 정치적 이유들로 조금씩 나누어 주는, 정부에서 정부로의 개발 원조의 결여 같은 것들이다.

이것은 또한 흄과 하이에크 저작의 분석에서도 나타난다. 마키아벨리와 흄 사상에 관해 유익한 정보를 주는 비교에서, 휄런(2004)은 흄이 국가 영토의 정복과 확장의 보증, 군사 정복과 민족의 위대함 사이 관계, 세력 균형을 유지할 필요를 넘은 전쟁들, 혹은 국제법과 정전(正戰) 견해들의 폐기 같은 마키아벨리 견해들에서 명시적으로 멀어졌다고 설명한다. 그러므로 휄런은 '흄이 한스 모겐소의 현대 국제 현실주의의 선배가 아니었다,'고 결론짓는다.

하이에크는 국제 영역이 만인의 만인에 대한 전쟁이라는 홉스의 생각을 거부했다. ≪농노의 길(The Road to Serfdom)≫에서 그는 또한 세계 정치에서 도덕성을 경시하는 E. H. 카의 견해를 다투면서 저명한 고전적 현실주의자 카를 '우리 가운데 전체주의자 중 한 사람'으로 비판하기도 했다. 하이에크는 국제 정치에서 약속을 지키는 것, 혹은 '*약속은 지켜져야 한다*,'는 원칙을 요구했다. 그는 또한 '전쟁이 사회적 연대의 가장 강력한 도구였다,'는 카의 견해에도 반대했고 민족주의를 억제하는 것에 관한 그의 낙관론도 공유하지 않았다(판 데 하르 2009).

(다원주의) 국제 사회 이론으로서 고전적 자유주의

고전적 자유주의 견해들은 국제 사회 전통과 더 잘 맞는데, 후자는 영국학파 이론에서 중간 입장으로 여겨진다. 위에서 나타났듯이, 이 전통은 국제 관계를 공통 규칙들 및 제도들을 가진 그리고 자연법에 기초를 가진 국가들의 사회 면에서 분석한다. 국제 체제 전통과 반대로, 그것은 국가들이 영구적으로 권력 투쟁과 전쟁에 종사하지는 않는다고, 그리고 몇몇 규칙과 도덕이 적용된다고 주장한다. 세계 사회 전통과 반대로, 그것은 주권 국가들이 국제 관계에서 가장 중요한 행위자이고 미래에도 여전히 가장 중요한 행위자일 것이라는 점을 지적한다. 불(1977)은, 전쟁, 세력 균형, 국제법 그리고 외교를 포함하여, 세계 정치에서 질서를 촉진하는 많은 제도를 강조했다. 그는 전쟁을, 세력 균형이 일종의 국제 질서를 가져오는 동안, 국제 사회를 형성하는 데 도움을 주는, 필요악으로 보았다. 덧붙여서, 그는 또한 강대국들이, 국제법과 외교의 도움을 받아, 질서를 유지할 특별한 책임을 지닌다고 보기도 했다. 불은 국제 사회 전통을 두 진영으로 나누었다. 그는 국제 체제 쪽으로 기우는 국제 사회 학자들을 '다원주의자(pluralists)'로 명명했고, 세계 사회 쪽으로 기우는 학자들을 '연대주의자(solidarists)'로 명명했다. 부잔(2004, 2014)이 설명하듯이, 차이점은 '질서가 중요한 면들에서 정의의 사전 조건이다,'라는 견해와 '정의가 없는 질서는 궁극적으로 유지할 수 없다,'라는 견해 사이에 있다.

미제스와 하이에크는 불, 와이트 그리고 그 밖의 첫 세대 영국학파 구성원들이 국제 관계 이론에 관해 쓸 때 살았다. 그렇지만 그들이 이제까지 만났다거나 서로 영향을 받았다는 조짐은 없다. 그러나 국제 정치에 관해 쓴 고전적 자유주의자들과 다원주의 국제 사회 전통 사이에는 명백히 의견 일치가 있다. 양쪽 다 세계를 국가들의 사회로 보고, 국제 분쟁과 전쟁을 정전(正戰) 규칙들로 구속될 필요가 있는, 후회스럽지만 불가피한 측면으로 본다. 양쪽 다 세력 균형, 외교 그리고 한정된 양의 국제법과 기구를 소중하게 생각한다. 또한 흐로티위스의 정전 관념의 직접적인 인식도 있다.

흄(1998)은 정전, 민족들의 국제 사회를 옹호했고, '홉스의 정치가 오직 폭정을 촉진하는 데만 맞고, 그의 윤리가 방종을 조장한다,'고 말했다. 자연 상태는 그저 '철학적 허구'일 뿐이었다. 세력 균형에 대한 흄의 지지는 그것이, 규칙들을 가능하게 하고 민족들이 자유, 번영 그리고, 자유 무역을 통한, 양호한 그다지 크지 않은 사회 변화에 더 관심을 기울일 수 있게 하는, 질서를 촉진한다는 통찰에 근거하였다. 스미스도 역시 국제 사회의 가치, 정전의 필요 그리고 (흐로티위스의 저작에서처럼) 자연법 원칙들의 고수를 강조했지만, 세력 균형의 역할, 전쟁의 불가피성 그리고 방위의 필요를 인정했다. 미제스는 모든 공격 전쟁을 거부했고, 국가들의 국제 사회의 제도들을 보증했으며, 흐로티위스의 전쟁과 평화 이론에 관해 긍정적이었다. 대체로, 그는 자유 민족들의 공화국이 최상의 국제 질서를 구성할 것으로 생각했다. 하이에크(2007)는 국제 문제에 대한 자기의 목표가 '전능한 초국가도, 자유 민족들의 느슨한 연합도 아니고, 자유인들의 민족들의 공동체'라고 유명하게 썼다.

결론적으로, 영국학파들에서는, 고전적 자유주의는 다원주의 국제 사회 전통에 속한다. 다원주의인데, 왜냐하면 고전적 자유주의자들은 질서가 개인의 자유에 대한 전제 조건이라는 점을 강하게 믿기 때문이다. 다른 자유주의 IR 이론들은 세계 사회 전통과 더 잘 맞는다. 또한, 고전적 자유주의가 어떤 현실주의 형태도 아니고 세계 사회 전통에 맞지도 않는다고 결론짓는 것도 똑같이 중요하다.

고전적 자유주의 외교 정책

이론에서 실제로 가는 길은 전혀 똑바르지 않은데, 국제 관계 이론에서 외교 정책으로의 이동도 예외가 아니다. 덧붙여서, 외교 정책들이 빈 서판으로부터 설계되고 집행되는 일이 좀처럼 없다는 점이 언급되어야 한다. 기존 외교 정책의 어떤 변화도, 개개 민족들이 국제 정치 환경에서 변화들에 대응하여 자기들의 외교 정책을 서서히 발전시킨 채, 오늘의 세계적 상황으로 시작된다. 그러므로, 순수하게 이론적인 기초에서 실제 고전적 자유주의 외교 정책을 설계하려는 시도들은 반드시 실패하게 되어 있다. 누구든 할 수 있는 최선은 일반 지침들이나 원칙들을 제공하는 것인데, 이것들은 그다음 개개 국가의 특정 상황에 맞추어 고쳐질 수 있다.

다음 장에서 보게 되듯이, 모든 나라에 적용될 수 있는 전반적인 고전적 자유주의 외교 정책을 제시하는 것의 실행 불가능은 미국 리버테리언들과 고전적 자유주의 싱크 탱크들의 권고들을 미국 상황으로부터 복사해서 그것들을 다른 나라들에 적용하는 것이 실수라는 점을 의미한다. 종종 그들의 견해들은 다른 나라들의 외교 정책들에 맞지 않는다. 미국은 많은 면에서 예외인데, 왜냐하면 그것이 엄청난 군사적 힘, 외교와 국제기구들에서 진정으로 세계적인 존재, 가장 큰 경제 중 하나 그리고 거대한 문화적 영향력을 지니고 있기 때문이다. 대부분 다른 나라는 이것을 달성하지 못하거나 아마도 절대 달성할 수 없을 것이다.

그럼에도 불구하고, 또한 외교 정책들이 확정되는 것이 아니라는 점을 명심할 가치도 있는데, 왜냐하면 외교 정책의 정치가 항상 변경의 특징을 지니기 때문이다[힐(Hill) 2003]. 이 변경은, 핀란드와 스웨덴에 지금이 NATO 회원국이 될 때라고 결론짓게 한, 우크라이나에 대한 러시아 전쟁 같은, 사건들에 반응한 결과일 수 있거나, 냉전 종식이나 기후 변화 같은,

세계적 변화들에 반응한 결과일 수 있다. 또한 외교 정책에서 변경을 요구하거나 촉진하는 국내 요인들도 있다. 예를 들면, 정부의 변경, 다른 부들의 역할, 압력 집단들, 등등이다. 따라서, 고전적 자유주의 요소들을 특정 나라의 외교 정책에 포함하는 것은 '안으로부터'와 '바깥으로부터'의 변화의 결과일 수 있을 것이다.

포괄적일 생각이 아닌, 고전적 자유주의 외교 정책에 대한 몇몇 가장 중요한 일반 지침은 다음과 같다:

- 민족적 및 세계적 안보는 어떤 외교 정책이라도 그것의 지주인데, 모든 나라가 직면하는 안보 딜레마 때문이다. 군사 동맹(들)에서 자기 회비의 적극적인 추구와 납부를 포함하는, 세력 균형 정치가 요구된다. 국제 질서는 개인의 자유에 아주 중요하다.
- 전쟁은 때때로 외교 정책의 도구로서 불가피하지만, 그것은 오직 정전 원칙들에 따라 집행되어야 한다. 군사 개입은 좀체 정당화되지 않고 장기 성공의 가능성은 하여간 빈약하다. 이것은, 해적 행위에 대비해 해로들을 보호하는 것 같은, 세계화된 세계에서 질서를 유지할 작정인 정당화되는 군사 작전과 혼동되어서는 안 된다.
- 외교는 일상 국제 정부 접촉들에서 여전히 유용한 도구이고, 게다가 영사 서비스들을 제공하며, 민족들 사이 여행과 무역을 가능하게 한다. 외교가 무역 촉진 계획들을 포함해야 하는지 그리고 그것이 기존 무역 관계를 보호해야 하는지에 대해 논쟁이 있을 수 있다. 결국, 관리되는 무역 혹은 무역 정책은 본질에서 중상주의적이다.
- 시민들의 보호와 국경 보호는 핵심 과업이다. 다시 한번, 고전적 자유주의자들은 국경들의 개방에 관해 서로 다른 견해를 지니고 있다.

- 국제법들과 국제기구들의 미치는 범위, 내용 그리고 수는 최소화되어야 하는데, 왜냐하면 그것들이 개인의 자유에 위협이 될 수 있기 때문이다. 물론, 기능적 협정들과 체제들은 가능하고 바람직하다. 또한 많은 '회색 지대(grey areas)'도 있을 것이지만, 국제 조약들은 항상 나라들이 떠날 조항을 지녀야 한다.
- 추가적인 자유 무역 증진이 수위의 목적이 되어야 한다. 이상적으로, 이것은 어떤 정부 개입도 없는 무역일 것이다. WTO는 차선의, 최적 이하의 선택지이지만, 그것은 분쟁 해결 메커니즘을 제공하고 그것의 규칙들과 협정들은 모든 회원국에 적용된다. 양자 간 무역 조약들이 수용될 수 있지만, 그 목표는 WTO를 통해서 그것들을 다자 간 협정들로 통합하는 것이거나 진정한 자유 무역을 지지하여 그것들을 전체적으로 제거하는 것이어야 한다.
- 고전적 자유주의자들은 정부에서 정부로의 개발 원조에 회의적이고, 세계은행과 그 밖의 정부 개발 원조 기구들이 폐지되어야 한다고 믿는다. 긴급 구호는 예외다. 자발적인 기부들과 NGO들은 수용될 수 있다. 고전적 자유주의자들은 NGO들에 대한 정부 자금 지원을 반대한다.
- 국제 연합은, 특히 안전 보장 이사회는 ─ 아주 최소한 ─ 현대 세계에서 권력관계를 고려하여 개혁되어야 한다. 물론, 영국과 프랑스에서는, 몇몇 고전적 자유주의자는 상임 이사로서 자기들 정부들의 계속되는 지위를 지지할 애국적 의무를 느낄지 모르지만, 큰 세계적 그림에서는, 이것은 시대착오적이다. UN은 소중하다: 그것은 나라들이 만나서 시사를 토론하고, 갈등들이 강도에서 불필요하게 증가하는 것을 막기 위해 일할 수 있는 장소를 제공한다. 그러나 그것의 딸 기구 다수는, 그것들이 폐지되거나, 그것들이 엄격하게 기능적인 채로이도록, 핵심까지 손

질될 수 있을 것이다. UN 인권 의사회(UN Human Rights Council)는 전제 국가들과 독재 국가들이 그것의 회원 지위를 가져 노골적인 변칙이 되었다.
- 지역 협력은 그것이 개인들의 삶에 대한 제한된 국가 간섭이라는 일반적인 고전적 자유주의 지침들을 따르는 한 바람직하다.

12 리버테리언들과 IR

IR 이론 교과서들, 학술지들 혹은 그 밖의 출판물들에서 국제 관계에 관한 리버테리언 견해들의 어떤 진술도 발견하기가 어렵다. 국제 관계에 관해 쓰는 리버테리언들이 있지만, 그들의 견해 대부분은 경제학이나 철학에 관해 쓰는 리버테리언들의 견해들이 벗어나는 것보다 주류 IR 이론에서 훨씬 더 벗어난다. 국제 관계에 관한 고전적 자유주의 견해들과 대조적으로, 많은 리버테리언은 외교 문제에 관해 소수의 선택된 주제에 집중하는 경향이 있다. 그러므로 가장 잘 알려진 무정부자본주의자 중 한 사람 머리 라스바드는, 국제 관계, 혹은 전쟁과 평화의 질문들이 리버테리언 사고에서 너무나 자주 무시되었다는, 그의 논평에서 옳았다(라스바드 2000).

이 장은 국제 정치에 관한 몇몇 주요 리버테리언 견해를 검토하는데, 그것들의 역사적 근원들, 고전적 자유주의와의 차이점들, 몇몇 특정 쟁점에의 적용, 게다가 아인 랜드의 주요 견해들을 포함한다. 이것이 간단한 개관이므로 완전에 대한 어떠한 주장도 행해질 수 없다.

고전적 자유주의처럼, 리버테리어니즘도 매우 넓은 교회이다. 사실상, 현대 미국 어법에서 고전적 자유주의와 리버테리어니즘은 때때로 서로 동의어로 여겨지고, 개인들도 역시 그 표지들을 상호 교환적으로 사용하는데, 이 점은 그 둘을 구별하기 더욱더 어렵게 한다(판 데 하르 2015를 보라). 제2장에서 논했듯이, 이 책에서는 리버테리언들은 주로 무정부자본주의자 그리고 최소정부주의 사상가(최소 국가 신봉자)로 여겨진다. 비록 리버테리언이라고 밝히는 필자의 견해들을 정확히 지적해서 범주화하기가 여전히 어렵다고 할지라도 이 장에서 묘사는 공정한 견해를 제시한다고 주장한다.

역사적 자취

코브던과 스펜서 같은 19세기 사상가들은 때때로 강한 세계주의 관점을 가진 리버테리언 스펙트럼의 일부로 여겨진다. 그러나 몇몇 그들의 견해는 또한 고전적 자유주의자들에게 영감으로 이바지하기도 한다.

리처드 코브던(1804-65)은 이런 의미에서 본질적이다. 존 브라이트 및 반곡물법 동맹과 함께, 자유 무역 탄원들은 고전적 자유주의자들과 리버테리언들 양쪽 다 고무한다. 그의 견해 중 다른 것들은 고전적 자유주의에 보다 리버테리어니즘에 관련되기가 더 쉬운데, 주로 국제 관계에서 국가의 역할에 대해 그가 반대했기 때문이다. 코브던은 또한 국제 문제에 관한 애덤 스미스의 견해들을 초기에 그릇되게 전한 데 대해 대개 책임이 있기도 하다. 그는 자신을, 그 위대한 스코틀랜드인에게 경의를 표하기 위해 애덤 스미스 협회들(Adam Smith Societies)의 설립을 요구하는, '스미스 학파 사람(Smithian)'으로 나타냈다. 그러나 그는 스미스가 자유 무역이 평화에 이를 것이라고 믿었다고, 평화주의로 기울고 있었다고, 국가들 사이 조화가 가능하다고 여겼다고, 그리고 군사 지출이 삭감되어야 한다고 여겼다고 잘못 주장했다(판 데 하르 2010).

자유 무역이 나라들 사이 상호 의존을 발전시킴으로써 평화를 촉진한다는 이 생각은 반곡물법 동맹의 구성원들에게 중심적이었는데, 그들의 다수는 또한 무역이 문명과 기독교 정신을 보급할 것이라고 확신하기도 했다. 그 동맹과 평화주의 운동 사이에 긴밀한 유대가 있었다. 코브던은 자신을 평화주의자로 전혀 부르지 않았지만, 여전히 평화 회의들에 관련되어 있었고, 종종 국제 평화의 목표에 관해 이야기했다. 코브던은 국제 명사였고, 널리 여행했으며, 하원 의원이 되었고, 1860년에 프랑스와 코브던-슈발리에 자유 무역 조약을 협상했다. 더 높은 도덕 기준들의 국제 문제는 코브던에게 여전히 중요한 생각이었다. 그는, 다른 국가들의 식민지들에서 비개입을 포함하여, 비개입을 옹호했고, 분쟁들을 해결하기 위해 국제 중재를 옹호했다. 코브던은 세력 균형에 근거한 외교 정책, 군비 조달, 제국 그리고 식민지화를 반대했다. 그는 전쟁이 엘리트들에 이바지 하지, 중산층에 이바지하지 않는다고 주장했다[해멀런드(Hammarlund) 2005도].

　이 견해들 대부분은, 19세기 마지막 4반세기 이후, 영국의 사회적 자유주의자들과 사회주의자들에 의해 받아들여졌고, 심지어 미국 대통령 우드로 윌슨은 '자인하는 코브던주의자(a self-confessed Cobdenite)'였다. 그러나 코브던이 20세기에는 저명한 인물이 아니었지만, 그의 견해들은 여전히 국제 관계에 관한 몇몇 리버테리언 관점에 연료를 공급했다. 코브던 학자 프랭크 트렌트만(Frank Trentmann)(2006)에 따르면, 이것은 주로 루트비히 폰 미제스가 코브던과 '맨체스터주의(Manchesterism)'에 대해 한 언급들 때문이었는데, 하기야 미제스는 실제로 다수의 코브던 견해에 의견이 달랐다(판 데 하르 2009).

　허버트 스펜서(1820-1903)도 역시, 영국과 미국 양쪽 다에서, 매우 영향력이 있었다. 그의 저작은 아마 틀림없이 원(原)리버테리언으로서 서술될 수 있을 것이다. 리버테리언 사고의 전개에 영향력이 있었던 그의 견해 중 하나는 국가나 일정 통치 형태에 관해 영원히 변치 않는 것은 없다는 것이었다. 개인들은 의식적인 선택을 하지 않고 일정 사회 속으로 태어난다. 스펜서에 따르면, 모든 개인은 국가가 부과하는 세금과 교환으로 이 국가가 보호를 제공하지 않거나 불충분한 보호를 제공하자마자 곧 그것의 권위에서 탈퇴할 권리를 지닌다(스펜서 1982). 분리 독립에 대한 권리라는 이 견해는 많은 리버테리언 사이에 인기가 있다.

국제 관계의 맥락에서, 스펜서는 완전히 자유로운 무역, 오직 순전한 자위만을 위한 전쟁 그리고 제국의 폐지를 요구했다. 그는 제국을, 어떤 경제적 편익도 가져오지 않고 모국에서 나쁜, 군사주의 사고방식을 촉진하는, '정치적 강도질(political burglary)'로 보았다. 비록 전쟁이 종종 사회들의 발전에서 초기 단계들의 일부였을지라도, 현대 사회들에서 그것은 개인주의의 반대였고, 국가에 개인들 삶의 많은 측면에 대한 자기의 권위와 통제를 증가시키는 기회들을 제공하였다. 스펜서는, 최초 영국에 평화주의 오솔길을 선도하도록 촉구하면서, 전쟁을 종식하는 평생 운동에 착수했다. 그는 국제 중재를 국제 분쟁들을 해결하는 훨씬 더 나은 길로 보았다. 1881년에, 스펜서는, 이 견해들을 촉진하고 '특히 기술공 계급들과 큰 반대자 집단 사이에서, 대량의 반전 감정'일 것이라고 자기가 믿는 것을 동원하기 위해 반침략 협회(Anti-Aggression Association)를 시작했다. 만년에, 스펜서는 인류에게서 전쟁을 제거할 가능성에 관해 덜 낙관적이었다. 그렇지만 그는 보어 전쟁(Boer War)을 반대했고, 평화주의자 스코틀랜드계 미국인 실업가이자 박애주의자 앤드루 카네기에게 반전 운동에 열중하여 돈을 쓰도록 권고했다[프랜시스(Francis) 2007].

고전적 자유주의 대 리버테리언 IR

코브던과 스펜서의 견해들은 국제 관계에 관한 리버테리언 견해들에 영향을 끼쳤는데, 특히 케이토 연구소(Cato Institute), 미제스 연구소(Mises Institute), 독립 연구소(Independent Institute), 자유의 미래 재단(The

Future of Freedom Foundation) 그리고 경제 교육 재단(Foundation for Economic Education)을 포함하는 미국 싱크 탱크들에 있는 학자들에게 그랬다. 이것들은 지난 몇십 년간 국제 관계에 관해 가장 많은 리버테리언 산출물을 생산한 싱크 탱크들이다. 그렇지만 리버테리언 견해들은 학계에서는 덜 보급되었다. 한 예외가 로마스키와 테손의 ≪얼마간 떨어진 정의: 세계적으로 자유를 확대하기(Justice at a Distance: Extending Freedom Globally)≫(2015)인데, 리버테리언 국제 관계관에 관한 드문 학계 책이다.

미국 리버테리언 국제 관계 필자들 사이에 논쟁들이 있지만, 미국 싱크 탱크 연구자들은 리버테리언 원칙들, 코브던과 스펜서의 저작들 그리고 이 책에서 제시된 고전적 자유주의 견해 약간의 혼합에 기초를 둔 세계주의 외교 정책관을 전개했다. 그런 필자들은 종종 또한 미국 역사도, 특히 몇몇 건국의 아버지 사이에서 인기 있었던 제한된 정부의 견해들도 언급한다. 이것의 예는 프레블(Preble)의 ≪평화, 전쟁, 그리고 자유(Peace, War, and Liberty)≫(2019)인데, 이것은 그 저자가 아직 케이토 연구소에 있을 때 쓰였다.

이 저자들은 미국 외교 정책에 더 집중하고 비미국 고전적 자유주의 국제 문제 관점들에 덜 관심을 가지는, 그리고 아마도 심지어 대개 모르기조차 한, 경향이 있다. 이것은 다른 사람들이 국제 관계에 관한 고전적 자유주의 및 리버테리언 견해들을 이해하고 그것들을 구별하는 것을 때때로 어렵게 만든다.

물론, 고전적 자유주의자들과 리버테리언들이 의견을 같이하는 많은 견해가 있는데, 자유 무역의 확대, 선을 위한 힘으로서 세계화 그리고 IMF, UN, 세계은행 혹은 WTO 같은 국제 정부 기구들의 비판 같은 것들이다. 그러나 몇몇 고전적 자유주의자는 WTO의 일을 자유 무역을 증가시키는 실제적, 최적 이하의 방식으로서 정말 지지한다. 리버테리언들과 많은 고전적 자유주의자는 또한 비개입이 외교 정책에서 목표가 되어야 한다는 점을 인정하기도 하는데, 하기야 리버테리언들이 이 쟁점에 관해 더 절대적인 경향이 있긴 하다. 그들은 또한 양쪽 다 정부에서 정부로의 개발 원조에 반대하기도 하고, 상실된 목숨들, 경제적 손실, 파괴 그리고 개인들의 생활에 대한 국가 권력의 증가라는 면에서 전쟁의 큰 비용들을 인정하기도 한다. 고전적 자유주의자들은 또한 종종 특정 미국 외교 정책들에 대한 리버테리언 비판들에 동의하기도 한다.

그렇지만 고전적 자유주의자들은 많은 리버테리언이 개인들과 민족 사이 타고나고 감정적인 유대를 인식하지 못한다고 느끼는데, 이 유대는 국가들이 국제 관계에서 여전히 중요하도록 확실히 한다. 리버테리언들이 인간들이 천사가 아니라는 점을 인정하지만, 고전적 자유주의자들은 리버테리언들이 세계 정치에 대한 인간 본성의 결과들을 정말로 인정하는지 확신하지 못한다. 고전적 자유주의자들은 국가 활동들로부터의 분리를 덜 지지하는 경향이 있고 때때로 국제 관계에 관한 리버테리언 사고를, 만약 한 집단의 사람들이 일방적으로 다른 집단들에 간섭하지 않기로 동의하면, 모든 집단이 좋을 것이라는, 잘못된 믿음에 근거한, 순전히 고립주의적인 것으로 본다.

대부분 리버테리언 필자의 미국 근원들과 독자층은 그들이 이 질문을 무시하는 데서 명백히 보인다: '만약 비동맹이 다른 사람들이 당신에게 반대해 동맹하는 것에 이른다면 어떻게 되는가?' 만약 당신이 미국, 세계 최강국의 국민이라면 당신의 방위가 가능한 모든 위협과 폭력을 다룰 수 있을 것이라고 가정하는 것이 쉽다. 그러나 대부분 다른 나라에 대해서는,

국제 동맹들은 외교 정책의 본질적인 특징으로 여겨진다.

리버테리언들은 아주 흔히 개방 이민의 옹호자이고 무역과 평화 사이의 관계를 강하게 믿는다. 많은 리버테리언이 개방 이민과 평화주의, 게다가 공격 전쟁, 세력 균형 그리고 세계 정치에서 민족 국가들의 중심적인 역할에 대한 반대 같은 쟁점들에 관해 많은 사회적 자유주의자의 견해들을 공유한다는 점은 흥미롭다. 그들은 또한 외교 정책 결정에서 강력한 엘리트들의 역할을 의심하기도 한다.

전쟁

전쟁의 고찰들은 국제 관계에 관한 리버테리언 사고에서 중요한 역할을 한다. 어떤 학자들은 만약 모든 국가가 고립주의 정책들을 추구한다면 전쟁이 근절될 수 있다고 생각하지만, 다른 학자들은 덜 낙관적이다. 고전적 자유주의자들과 똑같이, 라스바드(2002)는 스페인 스콜라 철학자들과 흐로티위스의 정전(正戰) 전통을 명시적으로 받아들인다. 전쟁은 없어질 수 없고 대신 '문명으로 부과되는 제한들,' 특히 전쟁에서 민간인들을 표적으로 삼는 것의 금지와 중립국들 권리들의 보존으로 억제되어야 한다. 정전들은 사람들이 외부적 강제 지배 위협에 대항해서 자위하거나 외국 지배를 타도하려고 노력하는 것들이다. 부당한 전쟁은 다른 국민에 대한 지배를 추구하거나 기존의 강제적 권위를 유지하려고 시도하는 것이다.

리버테리언 전쟁 이론에서, 중심적인 생각은 누구도 다른 사람이나 그의 재산에 대해 폭력을 위협하거나 저질러서는 안 된다는 리버테리언 공리의 적용이다. 오직 그 원칙이 위반되었을 때만 위반자에 대한 직접적인 행동이 정당화된다. 죄 없는 사람들의 권리들은 어떤 보복 행동들에서도 침해되어서는 안 된다. 따라서, 많은 리버테리언에게는 전투원들과 죄 없는 사람들을 구별하지 않는 대량 파괴 무기들의 사용은 범죄 행위이다.

라스바드에게는, 중립의 원칙은 대단히 중요한데, 왜냐하면 그것은 국가들이 분쟁들을 피할 수 있게 하기 때문이다. 그는 중립을 큰 정치적 수완의 행위로 보지만, 집단 안보 장치들이 필요하다거나 전 세계에 민주주의나 인권들을 부과할 도덕적 의무가 있다고 정부들이 믿기 때문에 이것이 더는 일반적으로 인정되지 않는다는 점을 유감스럽게 생각한다. 그는 '권리들이 보편적일지 모르지만, 그것들의 집행은' 자기들의 권리들이 침해되고 있다고 느끼는 사람들에 의해 '현지에서 이루어져야 한다,'고 믿었다(라스바드 2003). 국가들의 세계에서, 라스바드는 리버테리언들이 정부에 전쟁을 절대적으로 피하게 그리고 '경찰 수준들까지' 무장을 해제하게 압력을 가하도록 노력해야 한다고 느꼈다. 분쟁 중일 때, 정부들은 평화를 협상하거나, 즉각 휴전을 선언하거나, 비전투원들을 전투와 관련되지 않게 하거나, 만약 직접 연루되지 않는다면 중립인 채로 있도록 압박되어야 한다. 라스바드가 '정치적 고립주의(political isolationism)'로 낙인찍히는 것을 꺼리지 않는 이 지침들은 평화로운 국제 공존을 가능하게 할 것이다. 그러나 존 덴슨(John Denson) 같은 다른 리버테리언들은 '잘 무장된 중립(well-armed neutrality)'(덴슨 2003)에 찬성론을 주장한다.

리버테리언들에 독특한 논거에서, 스트롬베리(Stromberg) 같은 사상가들은(호페 2003b에서) 게릴라 전술들을 사용하는 민병대들이 최상의 국방 형태라고 강조한다. 그들은 국가 군대들과 싸우는 데서 다양한 게릴라 집단의 성공이라고 주장되는 것들을 지적한다. 그들은 민병대들에 의한 게릴라 전술들을 국적 없는 세계에서 국가들과 영토들을 방위하는 길로서 혹은 영토들이 더 큰 영토에서 분리될 수 있게 하는 수단으로서 본다. 민병대들은 융통성이 있고, 사적으로 자금 조달될 수 있으며, 패배시키기 어렵다. 예상되듯이, 민병대들의 효능에 관한 이 분석은 도전받았다. 예를 들면, 민병대들은 종종 민간인들 뒤에 숨는데, 이것은 정전의 핵심 원칙을 위반한다. 또한, 민병대들은 자기들이 최초 방위하는 영토들을 넘어 자기들의 활동들을 확대하고 자기들의 활동들을 지지하지 않는 민간인들을 생포하기를 시도하거나, 다른 민병대들에 대한 공격 행위들에 종사하기를 시도한다고 알려졌다.

리버테리언들은 전시 경제가 정부 명령을 필요로 한다는 생각을 거부하고, 전시 동안, 국가 선전과 자유 언론 제한들 같은, 다른 통제들에 반대한다. 예를 들면, 히그스(2005)는 전쟁에는 항상 경제적 비용들이 수반된다고 그리고 '전시 번영(war prosperity)' 같은 것은 없다고 믿는다. 정부들은 위기 시에 자기들의 서비스들에 대한 대중 수요를 사용하고 절대 완전히 위기 전 상황을 회복하지 않으며, 그 과정에서 자기들의 권한과 개인들에 대한 국가 영향력을 확대한다. 이런 의미에서, 전쟁은 궁극적인 위기이고, 테러리즘에 대한 전쟁도 예외가 아니다. 히그스 그리고 게다가 동료 리버테리언들 에벌링(Ebeling)과 호른버거(Hornberger)(2003)는, 9/11 공격들 이래, 특히 미국에서, 막대한 정부 지출 확대와 시민적 자유 제한이 있었다는 점을 지적했다.

민간 방위

호페(2003a)는 정부를 '만장일치 동의 없이 과세할 권력을 갖춘, 보호와 관할의 강제적 영토 독점자'로 정의하고, 그것이 방위의 제공에 실패할 것이라고 믿는다. 그것은 빈약한 품질의 서비스를 산출하면서 높은 가격을 부과하는 그저 다른 독점자일 뿐이다. 호페(2003a)와 블록(Block)(2003) 양쪽 다 방위가 공공재가 아니라는 점과 민간 방위가 더 나은 대안일지 모른다는 점을 보여주려고 시도한다. 이것은 새로운 개념이 아니고 19세기 경제학자 드 몰리나리(De Molinari)(1849)의 저작들에 근거하는데, 후자는 공격들에 대비해 군사 안보를 제공하는 데 국가가 필요하지 않다고 주장했다.

호페(2003a)는 외부 방위를 위해 민간 보험 회사들이 고용될 수 있을 것이라고 믿는다. 외국에 의한 공격의 경우, 영토는 무장 시민의 결합 그리고 보험 회사와 재보험 회사의 동맹으로 지켜질 것이다. 그들의 노력들은 정의상 침략자 국가의 그것들보다 더 우월할 것인데, 왜냐하면 정의상 국가가 민간 조직들에 비해 비효율적으로 조직될 것이기 때문이다. 호페는 보험 회사들이 가능한 모든 위험을 미리 알 것이라고, 그리고 부과될 보험료의 계산에서 이 위험들이 고려될 것이라고 단언한다. 그는 보험 회사들이 침략에 반격할 것을 예상하고 또한 어떤 반칙의 국가든 '아마도 국가 영토의 해방과 전환을 부추기기도 할' 것을 예상한다. 그는 민간 경비 회사들을 지닌 세계가 전쟁을 덜 겪는 경향이 있다고 믿는데, 왜냐하면 전투를 피하는 것이 경비 회사들의 이익이 되기 때문이다.

호페(2003a)가 비판의 여지가 있는 많은 가정을 하지만, 또한 그의 접근법이 국제 관계 이론에서보다 더 경제학에서 연습인 것 같다는 점도 언급되어야 한다. 정치적 위험과 불확실성들을 다루는 수많은 보험 회사가 있고, 게다가 분쟁들[의 해결]에 종사하는 민간 경비 회사들이 있지만, 대부분 분쟁은 아직도 국가들 사이나, 국가들과, 국가 통제 자원들이나 정책들에서 한 부분이나 한 변경(變更)을 찾는, 게릴라 혹은 테러리스트 조직들 사이에서 일어난다. 호페의 리버테리언 경제학적 방위 견해는 또한 인력, 지리, 지질 혹은 경제적 힘에 기인하는 영토들 사이 방위 능력들에서 차이들을 간과하기도 한다. 이 요소들은, 사적으로 자금 조달되건 납세자들에 의해 자금 조달되건, 집단 행동에 중대한 제약이 될 수 있다. 그것은 또한, 세력 균형 같은, 국제 수준에서 다른 특징들을 고려하지 않기도 한다. 전 견해는 또한, 최소로 말해도, 의심의 여지가 있는 엄밀하게 합리적인 인간 본성관에 기초해 있기도 하다. 그리고 그것은, 어떤 증거도 없이, 민간 보험에 기초한 방위가, 종종 충분한 자력을 가진, 국가가 자금 조달하는 군사 기구보다 더 우월할 것이라고 가정한다.

미국 외교 정책

많은 리버테리언은 국제 문제에 관한 자기들의 저작들에서 미국 외교 정책에 집중하고, 군사 동맹들이 미국을, 그것의 안보에 명백하고 현존하는 위험을 구성하지 않는, 불필요한 전쟁들로 끌어들인다고 주장한다(예를 들면, 히그스 2005를 보라). 그들은 미국이 '세계의 경찰(the policeman of the world)'이 되도록 시도해서는 안 된다고 그리고 미국 방위의 수위(首位)이자 어쩌면 유일할 목적이 적대 국가들의 공격으로부터 미국 시민들과 그들의 재산을 보호하는 것이 되어야 한다고 믿는다. 미국은 또한 세계 여기저기에 흩어져 있는 군사 기지들을 통해 '세계 제국(global empire)'을 유지해서도 안 된다.

인명들과 돈의 면에서 비용들에 덧붙여서, 그들은 비록 전부는 아니라 할지라도 대부분 미국 외국 개입을 건국의 아버지들 의도에 반하는 것으로 본다. 카펜터(Carpenter)(1989, 2002)와 일런드(Eland)(2004) 같은 리버테리언들은 미국이 독재자들에게 권력을 유지하도록 지원하고, 이것이 그다음 반미주의와 심지어 미국이나 미국 시민들에 대한 테러 공격들에조차 이를 때 민주주의에 대한 미국 지지의 신뢰성이 훼손된다고 주장한다. 그들은 미국이 NATO 같은 동맹들 그리고 일본 및 한국과의 방위 조약들에서 탈퇴해야 한다고 믿는다. 카펜터(1995)는, 대부분 리버테리언이 신봉하는 것보다 더 호전적인 분석에서, 미국이 '국제 체제에서 최후 수단의 균형자'가 되어야 한다고 단언한다. 이것은 미국이, 다른, 더 작은 강국들과의 동맹들로 억제될 수 없는, 국제 안정에 대한 '보통과는 달리 강력한 팽창주의 위협들'을 멈출 만큼 충분한 군사력을 보유한다는 점을 의미할 것이다. 그러나 이것은 또한 일정 상황에서는 미국 외국 개입의 요구로도 보일 수 있을 것이다.

로크웰(Rockwell)(2003) 그리고 에벌링과 호른버거(1996) 같은 다른 리버테리언들은 미국 권력의 계속되는 존재와 확대에 관해 우려를 제기하고 종종 비개입주의 찬성론을 주장한다. 그들은 '한 제국(an empire)'을 유지하려는 욕망이 미국 외교 정책에서 실수들의 주요 원인이라고 믿는다. 그들은 종종 소위 미국 제국의 크기를 미국 해외 군사 주둔지들의 수나 외국 개입들의 수로 판단한다. 그들은 또한 모든 미국 행동이 해당 국민의 의지에 반한다고 가정하는 것 같다. 예를 들면, 그들은 오키나와에서 대규모 군사 기지 때문에 미국 군대가 일본을 점령하고 있는 것으로 보는데, 설사 일본 정부와 많은 일본 국민이 미국 군대 주둔을 더욱더 강력해지는 중국 군대에 대비한 안보로 볼지 모른다고 할지라도 그렇다. 그러나 지적되었듯이, 몇몇 고전적 자유주의자도 역시 미국 외국 개입의 필요성에 의문을 제기할 것이라는 점이 언급되어야 한다.

아인 랜드[1]

아인 랜드는 자기 소설들과 비소설 저술을 통해 가장 잘 알려진 리버테리언 사상가 중 한 사람이 되었다. 자기 저작의 명백한 최소정부주의

---

[1] 이 절은 판 데 하르(2019)에 근거한다.

(miniarchist) 특성에도 불구하고, 그녀는 다른 사람들과 함께 무리가 되기를 원하지 않았고 자기 자신의 철학을 객관주의(Objectivism)로 정의했다. 국제 관계에 관한 그녀의 의견들과 견해들은 다른 리버테리언들과 상당히 다르다(판 데 하르 2019). 맨 먼저, 객관주의가 도덕 이론이지만, 정치가 중요한 역할을 정말 한다. 세계 정치는 랜드의 주요 정치 관심사 중 하나였다. 러시아인 *망명자*(émigré)로서 그녀는 공산주의를, 파시즘, 국가 사회주의, 또한 민족주의나 민족 분리주의(ethnicism) 같은, 다른 집합주의 이론들보다 더는 아닐지라도, 그것들만큼 많이 증오했다.

그녀의 객관주의는 외국 침략에 대한 방위를 세 가지 정당화되는 정부 기능 중 하나로 보았다(다른 것들은 경찰과 사법이다). 객관주의자들은 정부가 보복적 폭력에 대한 독점권을 보유해야 한다고 믿는다. 랜드는 사적 무기 소유나 사적으로 자금 조달되는 방위를 절대 보증하지 않았다. 그녀는 또한 민족 문화와 잠재 의식적인 '삶의 관념(sense of life)'을 개인들에게 중요한 것으로 보았다. 랜드는 미국인들 사이에 '개인주의 정신(individualist spirit)'을 다시 활기 띠게 하기를 원했는데, 그녀는 이것이 위협을 받고 있다고 느꼈고, 주권을 획득되거나 몰수될 수 있는 권리로 보았다. 만약 한 국가가 개인 권리들의 원칙을 충분히 존중한다면 그것은 획득되고 도덕적으로 확고하게 될 수 있다. 그 경우 다른 국가들은 그것의 주권을 존중해야 한다. 그러나 만약 한 나라가 자기 국민의 권리들을 침해한다면, 그것은 주권에 대한 자기의 권리를 잃는다. 특징적으로 강렬한 말들로: '힘으로 통치되는 국가는 아틸라, 칭기즈칸, 히틀러, 흐루쇼프, 혹은 카스트로 그 누구의 지도를 받건, 국가가 아니고 약탈자의 무리이다,'(랜드 1964). 그녀는 침략하는 국가가 개인 권리들을 회복할 의도를 지니고 있는 한 독재 국가들이 임의로 침략될 수 있는 무법자라고 믿었다. 그러므로, 자결의 권리는 오직 자유 국가가 될 권리일 뿐이다.

  랜드는 또한 키신저 같은 현실주의자들을 그녀가 국제 정치에서 도덕성의 무시라고 본 것에 대해서 혹은, '실제적' 혹은 '전략적' 사고에서, 독재 정권들에 대한 그들의 지지라고 본 것에 대해서 경멸하기도 했다. 그녀는 닉슨 대통령이 미국 외교 정책을 중국 쪽으로 바꾸는 것을 반대했는데, 그녀는 그것을 타이완을 배반한 것으로 보았다. 그녀의 언어는 매우 호전적이었는데, 특히 공산주의에 반대하거나, 중국을 포함하여, 개인의 자유를 무시하는 국가들에 반대하는 냉전 투쟁에서 그랬다. 그녀는 평화로운 세계를 기대하지 않았는데, 왜냐하면 오직 충분히 합리적인 사람들만이 그것을 달성할 수 있을 것이기 때문이고, 그녀가 세계를 불합리한 행동과 분쟁의 근거들로 가득 차 있는 것으로 보았기 때문이다. 그녀는 전쟁이 인간 본성의 일부이지만 오직 보복에서만 그리고 폭력을 시작한 당사자에게만 사용되어야 한다고 믿었다. 객관주의 원칙은 어느 사람이나 국가도 폭력을 시작할 권리가 없다는 것이다. 그러므로, 국제 질서는 악의 세력들에 대비한 강력한 방위에 달려 있다. 이 맥락에서 랜드는 정치에서 세력 균형을 소중하게 여겼다.

  랜드는 자유주의 정책들이나 이론들의 평화 회복 효과들을 경멸했고, 핵무기 경쟁을 필요한 것으로, 평화주의를 불길한 것으로 보았으며, 군대 축소의 필요가 없다고 보았다. 그녀는 명시적으로 자유주의 국제주의를 비판했고, 한 국가의 주권과 이익이 세계 공동체를 위해 희생되어야 한다는 관념에 반대론을 주장했는데, 랜드는 세계 공동체를 개인들의 권리들과 이익들에 반대되는 것으로 보았다. 그녀는 또한 국제 연합도 반대했는데, 특히 그것이 소련과 그 밖의 독재 국가들에, 그녀가 자격 없는 것으로 본, 위신을 제공했기 때문이다.

대부분 자유주의자처럼, 랜드는 징병에 반대했고 베트남전에 반대했다. 이것은 그녀를 일시적으로 1960년대와 1970년대에 행동주의자들 사이에서 인기 있게 했는데, 이들은 자유 무역과 자본주의를 지지하고 개발 원조와 국제법을 반대하는 그녀의 견해들에 보통 반대했다. 그러나 그녀는 또한 일단 조약들이 서명되면 그것들이 지켜져야 한다고 믿기도 했다. 결론적으로, 그녀의 관점들은 고전적 자유주의 견해들과 몇몇 리버테리언 견해의 혼합이면서, 세계 정치에서 일정 화제의 쟁점들에 관해 호전적, 비외교적 견해들을 가진 것으로 가장 잘 서술되는데, 후자는 그녀를 다른 리버테리언에게서 멀리하였다.

리버테리언 국제 관계 대 고전적 자유주의 국제 관계

특히 몇몇 견해가 동일한 사상가들에게서 도출되므로, 고전적 자유주의자들과 리버테리언 사이 중첩되는 견해들이 있지만, 외교 정책에 관한 대부분 리버테리언 견해는 미국에서 비롯되고, 이것은 미국 리버테리언들에게 미국 중심적 세계관을 준다. 우리가 보았듯이, 많은 리버테리언은 외교 정책을 경제적인 면에서 보고 전쟁과 군사 개입의 비용에 반대하며 종종 자기 이익만을 도모하는 '미국 제국'에 관해 걱정한다. 가장 근본적인 차이점은 인간 본성에 관한 관점과 인간 행동을 예측하고 설명하는 데서 이성의 역할에 관한 평가이다.

13 결론

이 책은 고전적 자유주의 국제 관계 이론의 형세를 검토했다. 이 이론은 추상적인 원리들로부터의 추론에 근거한 것이 아니라, 대신 주로 네 명의 고전적 자유주의 저자, 데이비드 흄, 애덤 스미스, 루트비히 폰 미제스 그리고 F. A. 하이에크의 저작들로부터 '증류된(distilled)' 것이다. 처음 둘은 18세기에 국제 관계에 관해 썼고, 후자 둘은 지난 세기에 썼지만, 이 책은 오늘날의 국제 관계에 대한 그들의 적절성을 보여주려고 시도했다. 그렇게 할 때, 첫 원리들로부터 이론이 제시되는데, 개인과 그에게 아주 가까운 집단들로 시작해서 그다음 국제 수준으로 확대한다. 이 측면에서, 국내 고전적 자유주의와 국제 고전적 자유주의 사이에는 차이점이 없다: 개인의 자유를 얻고 촉진하는 것이 주요 목적이다.

여기서 제시된 고전적 자유주의 국제 관계 이론은 개인의 인간 본성 그리고 개인과 집단들, 특히 민족과 국가, 사이 관계의 검토에 기초해 있다. 고전적 자유주의자들이 민족 국가를 국제 관계에서 주요 행위자로 여기는 것이 자연스러운데, 주로 그들이, 대부분 사람에서, 개인과 그의 민족 사이 감정적 및 심리적 유대를 가정하기 때문이다. 자기의 현실주의적 인간 본성관에 기초하여, 고전적 자유주의자는 또한 분쟁과 전쟁의 불가피성을 인식하고, 아무리 유감스럽더라도, 그것들의 발생을 다루려고 노력한다. 고전적 자유주의자들은 국제 질서가 많은 행동과 원천을 통해 달성된다고 믿는다. 단일의 마법의 처방은 없다. 그러므로, 당신은, 세력 균형 같은, 자생적 질서 힘들을 필요로 하지만, 또한 제한되고 강한 국제 성문 규칙들도 필요로 한다. 국제법과 제한된 수의 기능적 국제 정부 기구가 고전적 인권들을 보호하고 국가들의 세계에서 발생하는 (대개) 기능적 쟁점들에 합의하는 데 필요할지 모른다. 고전적 자유주의자들은 또한 세계적 자유 무역과 세계화를 지지하는데, 이것은 온 세계 많은 사람을 가난에서 벗어나게 하는 것을 포함해서 많은 편익을 가져온다. 그러나 자유 무역이 본질적으로 평화를 촉진하는 것으로 여겨져서는 안 된다. 고전적 자유주의자들은 정부 대 정부 납세자 자금 지원 국제 원조에 회의적인 경향이 있지만, 그들은 인도주의에서 단기 재난 구호에 대한 원조를 지지할지 모른다. 자발적인 행동에 대한 그들의 신념에 일치하여, 그들은 개인들이 비국가 자선 단체들, 혹은 NGO들을 지원하는 것을 반대하지 않는다. 마지막으로, 고전적 자유주의자들은 자제를 믿는다. 군사 개입은 예외여야 한다. 민족주의 같은 집합주의 관념들은커녕, 또한 제국주의에 대한 자리도 없다. 이민의 쟁점은 여전히 논쟁의 여지가 있지만, 여기서 제시된 고전적 자유주의 이론에서는, 이민에 대한 제한은 완전히 받아들일 수 있다.

프리든의 형태론적 분석의 한 적용(1996)은 국내 정치에서 고전적 자유주의가 사회적 자유주의, 리버테리어니즘 그리고 보수주의와 상당히 다르다는 점을 발견한다(판 데 하르 2015). 이 차이점은 또한 국제 정치에도 적용되는데, 거기서는 그 분석이 또한 고전적 자유주의와 그 밖의 기존 자유주의 IR 이론들 사이 상당한 차이도 드러낸다. 이 기존 자유주의 IR 이론들, 게다가 대학 IR 강좌들에서 가르치는 것들은, 권력 정치와 전쟁 발생을 포함하여, 세계 정치에서 민족 국가들의 중심성이 끼치는 부정적 효과들이라고 주장되는 것을 완화하는 데 집중하는 경향이 있다. 사람들 사이 이익들의 세계적 조화라고 주장되는 것에 기초하여, 이 자유주의 IR 이론들은 국제적 및 초국적 법과 국제 정부 기구들에 관해 많은 지대한 영향을 끼칠 제안을 도입한다. 어떤 사람들은 심지어 세계 사회와 세계 (연방) 정부를 지지하기조차 한다. 일반적으로, 이 자유주의 국제주의자들은 권력 정치를 도덕으로 대체하는 것이 국제 정치에서 중심적인 생각이 되어야 한다고 주장한다. 고전적 자유주의자들은, 그들이 이상주의적이고 비현실적이라고 여기는, 그러한 견해들을 피한다. 그들은 인간들과 세계를, 우리가 그것들이 어떻게 되었으면 하고 바라는 것 대신, 그것들이 현실 그대로인 채로 받아들인다.

고전적 자유주의자들과 리버테리언들 사이 차이들도 마찬가지로 현저하다. 리버테리언들은 전쟁들이나 어떤 군사 개입에도 종사하는 것에 더 비관적인 경향이 있는데, 그 원인이 아무리 정당한 것 같을지 몰라도 그렇다. 그들은 그러한 중립성, 혹은 심지어 완전한 고립주의조차도 더 평화로운 세계를 창설한다고 믿는다. 그러나 대부분 리버테리언 필자가 미국인이고, 대개 미국 독자들을 대상으로 글을 쓴다는 점이 언급되어야 한다. 미국이 세계에서 가장 강한 경제적, 군사적 그리고 아마 틀림없이 문화적 권력이라는 점을 고려하면, 이것은 명백하게 미국 리버테리언들의 견해들을 형성할 것이고, 동시에 그들의 견해들을 세계 나머지 지역에 적용할 가능성을 제한할 것이다. 몇몇 리버테리언은 또한 국제 문제에 관해 압도적인 경제 거래 시각에서 쓰기도 하는데, 후자는 안보의 민간 생산 같은 쟁점들에 집중하지만, 다수의 전쟁 원인 같은 다른 중요한 요인들을 간과한다.

우리는 또한 고전적 자유주의와 비자유주의 IR 이론들 사이 더욱더 큰 차이도 짧게 논했고, 고전적 자유주의 견해들을 국제 관계의 영국학파 세 전통과 비교했다. 고전적 자유주의와 (다원주의) 국제 사회 전통이 가장 잘 맞고, 대부분 다른 자유주의 IR 이론은 세계 사회 전통에 맞는 견해로 여겨지는 것이 더 낫다.

주요 IR 이론 중 하나인 현실주의는 국제 체제 이론이다. 현실주의와 고전적 자유주의 IR 이론들은, 세계 정치에서 민족 국가의 중심적인 역할, 세력 균형의 진가 인정 그리고 전쟁이 때때로 불가피하다는 인식 같은, 몇몇 공통 견해를 공유한다. 그러나 고전적 자유주의 국제 관계 견해가 그저 현실주의의 한 변종으로 여겨져서는 안 된다.

고전적 자유주의자들은 국제 체제 사상가들보다 국제 질서의 가능성에 관해 더 긍정적이다. 그들의 관심은 국가의 이익들보다 개인의 자유에 대해서이고, 그들은 강대국 관리의 원칙을 덜 간절히 받아들이고 싶어 하는데, 많은 고전적 자유주의자는 민족 국가들이 주권에 대한 자기들의 권리들을 존중받아야 한다고 믿기 때문이다. 고전적 자유주의자들은 또한 약간의 국제법과 국제 (정부) 기구가 소중하나 개인의 자유를 보호하는 데 국한되어야 한다고 믿는다. 고전적 자유주의자들은 세계적 정치를 공공연한 무정부 상태의 면에서가 아니라, 도덕적 관심사의 여지가 있는, 민족 국가들의 무정부 상태로 본다.

아주 근본적으로, 고전적 자유주의자들은, 현실주의자들의 부정적 견해와 대조적으로, 현실적인 인간 본성 견해를 받아들인다. 차이점들은 인간들의 사회적 본성에 관한 고전적 자유주의자의 진가 인정과 인간들이 본질적으로 이기적이라는 견해의 거부이다. 고전적 자유주의자들에게 민족들의 사회는 가장 안정적인 국제 질서를 제공하는데, 후자는 개인의 자유를 달성할 최상의 국제 조건을 얻거나, 적어도 제공할 최선의 길이다. 이것은 또한 국내 장치들에도 달려 있다. 국내 정치의 면에서, 현실주의는 종종 보수주의나 신보수주의와 관련된다.

국제 정치는 이 세계 많은 사람의 삶에 영향을 끼친다. 고전적 자유주의는 보편주의 이론인데, 그것의 견해들이 전 세계에 적용될 수 있다고 주장한다. 이 책은 고전적 자유주의가 국제 문제에 관해 독특한 견해를 지니고 있으며 자유주의 국제 관계 이론에서 자기 자신의 자리를 차지할 자격이 있다고 주장했다. 그러나 훨씬 더 많은 연구가 행해질 필요가 있다는 점이 인정되어야 한다. 확실히, 자신을 고전적 자유주의자로 부르는 모든 사람이 유럽 연합이나 이민 같은 쟁점들에 의견을 같이하지는 않을 것이다. 학계에서, 그리고 그 밖의 공개 토론회들에서, 모든 종파의 자유주의자들 사이에 더 많은 분석, 연구, 토론 그리고 논쟁이 있을 필요가 있다. 더 많은 고전적 자유주의 저자가 연구될 필요가 있는데, 국제 관계에 관한 그들의 견해들을 이해하고 편입하기 위해서다. 제2부에서 논한 많은 구성 요소도 역시 더 많은 연구와 고찰이 필요하다. 이 책은 고전적 자유주의 견해들을 현대 외교 정책 토론들에 적용하는 신중한 시도를 했다. 고전적 자유주의의 매력을 더 넓은 독자층에 강화하기 위해 고전적 자유주의 견해들을 현행 국제 문제에 연결하는 더 많은 일이 행해질 필요가 있다.

그렇지만 고전적 자유주의가 국제 문제에 관해 말할 것이 아주 거의 없는 그저 국내 이론일 뿐이 아니라는 점이 강조되어야 한다. 고전적 자유주의 필자들은 현대 외교 문제 쟁점들에 적용될 수 있는 독특한 세계 정치 견해들을 전개했다. 다른 자유주의 국제 관계 이론들과 비교하여, 고전적 자유주의는 그만큼 중요하고 적실성이 있다. IR에서 자유주의에 지금까지 생각되었던 것보다 훨씬 더 많은 것이 있다.

문헌과 추가적인 읽을거리

대부분 장이 아래 두 권 책의 부분들을 사용한다는 점에 주목하십시오:

Van de Haar, E. R. (2009) *Classical Liberalism and International Relations Theory: Hume, Smith, Mises, and Hayek.* New York and Basingstoke: Palgrave Macmillan.

그리고

Van de Haar, E. R. (2015) *Degrees of Freedom: Liberal Political Philosophy and Ideology.* New York and London: Routledge.

그 이상의 논의와 자세한 참고 문헌들을 위해서는 이 책들을 참고하십시오. 또한 전체 책이 많이, 종종 무료로, 발견되는, 광대한 온라인 출처들이 있다는 점도 아십시오: 예를 들면, Online Library of Liberty, Adam Smith Works, IEA.org, Mises.org, Liberty Fund 같은 것들입니다.

제1장 서론

Brown, C. and Eckersley, R. (2018) *The Oxford Handbook of International Political Theory.* Oxford University Press.

Cunliffe, P. (2020) *The New Twenty Years' Crisis: A Critique of International Relations 1999-2019.* Montreal and Kingston: McGill-Queen University Press.

Griffiths, M. (2011) *Rethinking International Relations Theory*. New York and Basingstoke: Palgrave Macmillan.

Halliday, F. (1994) *Rethinking International Relations*. Basingstoke and London: Macmillan Press.

Jönsson, C. (2018) Classical liberal internationalism. In *International Organization and Global Governance* (ed. T. G. Weiss and R. Wilkinson), 2nd edn, pp. 109-22. Routledge.

제2장 자유주의들(과 보수주의)

이 장의 형세와 약간의 내용은 Edwin van de Haar, The meaning of 'liberalism', 25 April 2015 (www.libertarianism.org)에 기초해 있다.

Ashford, N. (2003) *Principles for a Free Society*. Stockholm: Jarl Hjalmarson Foundation.

Berlin, I. (1969) *Four Essays on Liberty*. Oxford University Press.

Butler, E. (2015) *Classical Liberalism: A Primer*. London: Institute of Economic Affairs.

Butler, E. (2019) *School of Thought: 101 Great Liberal Thinkers*. London: Institute of Economic Affairs.

Freeden, M. (1996) *Ideologies and Political Theory: A Conceptual Approach*. Oxford: Clarendon Press.

Freeden, M. (2003) *Ideology: A Very Short Introduction*. Oxford University Press.

Kirk, R. (1985) *The Conservative Mind: From Burke to Elliot*. Washington: Regnery Publishing.

Mises, L. von (1996 [1949]) *Human Action: A Treatise on Economics*. San Francisco: Fox & Wilkes.

Nisbet, R. (1986) *Conservatism: Dream and Reality*. Milton Keynes: Open University.

Oakeshott, M. (1962) *Rationalism in Politics and Other Essays*. New York: Basic Books.

Scruton, R. (2001) *The Meaning of Conservatism*. Basingstoke: Palgrave.

Scruton, R. (2017) *Transcript: Point of View*. BBC Radio 4, 27 August.

제3장 스코틀랜드 계몽운동: 데이비드 흄과 애덤 스미스

Berry, C. J. (1997) *Social Theory of the Scottish Enlightenment*. Edinburgh University Press.

Fleischacker, S. (2004) *On Adam Smith's Wealth of Nations: A Philosophical Companion*. Princeton University Press.

Glossop, R. J. (1984) Hume and the future of the society of nations. *Hume Studies* X: 46-58.

Grotius, H. (2005) *The Rights of War and Peace* (3 books) (ed. R. Tuck). Indianapolis: Liberty Fund.

Haakonssen, K. (1981) *The Science of a Legislator. The Natural Jurisprudence of David Hume and Adam Smith*. Cambridge University Press.

Haakonssen, K. (2006) Introduction. The coherence of Smith's thought. In *The Cambridge Companion to Adam Smith* (ed. K.

Haakonssen), pp. 1-21. Cambridge University Press.

Hardin, R. (2007) *David Hume: Moral and Political Theorist*. Oxford University Press.

Harris, J. A. (2015) *Hume: An Intellectual Biography*. Cambridge University Press.

Hume, D. (1932 [1727-76]) *The Letters of David Hume* (two vols) (ed. J. Y. T. Greig). Oxford University Press.

Hume, D. (1985 [1777]) *Essays: Moral, Political and Literary* (ed. E.F. Miller). Indianapolis: Liberty Fund.

Hume, D. (1998 [1751]) *An Enquiry Concerning the Principles of Morals* (ed. T. L. Beauchamp). Oxford University Press.

Hume, D. (2000 [1739]) *A Treatise on Human Nature* (ed. D. F. Norton and M. J. Norton). Oxford University Press.

Manzer, R. A. (1996) The promise of peace? Hume and Smith on the effects of commerce on war and peace. *Hume Studies* XXII: 369-82.

Mises, L. von (1996) *Human Action: A Treatise on Economics*. San Francisco: Fox & Wilkes.

Mossner, E. C. (1980) *The Life of David Hume*. Oxford: Clarendon Press.

Ross, I. S. (2010) *The Life of Adam Smith*, 2nd edn. Oxford University Press.

Smith, A. (1981 [1776]) *An Inquiry into the Nature and Causes of the Wealth of Nations* (ed. E. C. Mossner and I. S. Ross). Indianapolis: Liberty Fund.

Smith, A. (1982 [1759]) *The Theory of Moral Sentiments* (ed. D. D.

Raphael and A. L. Macfie). Indianapolis: Liberty Fund.

Smith, C. (2006) *Adam Smith's Political Philosophy: The Invisible Hand and Spontaneous Order*. London and New York: Routledge.

Stevens, D. (1987) Smith's thoughts on the state of the contest with America, February 1778. In *Correspondence of Adam Smith* (ed. E. C. Mossner and I. S. Ross), pp. 377-80. Indianapolis: Liberty Fund.

Van de Haar, E. R. (2008) David Hume and international political theory: a reappraisal. *Review of International Studies* 34: 225-42.

Van de Haar, E. R. (2013a) Adam Smith on empire and international relations. In *The Oxford Handbook of Adam Smith* (ed. C. J. Berry, M. P. Paganelli and C. Smith), 417-39. Oxford University Press.

Van de Haar, E.R. (2013b) David Hume and Adam Smith on international ethics and humanitarian intervention. In *Just and Unjust Military Intervention: European Thinkers from Vitoria to Mill* (ed. S. Recchia and J. M. Welsh), pp. 154-75. Cambridge University Press.

Whelan, F. G. (2004) *Hume and Machiavelli: Political Realism and Liberal Thought*. Lanham: Lexington Books.

제4장 오스트리아학파: 루트비히 폰 미제스와 프리드리히 하이에크

Boettke, P. J. (2019) *F. A. Hayek: Economics, Political Economy and Social Philosophy*. Basingstoke and New York: Palgrave Macmillan.

Butler, E. (1985) *Hayek: His Contribution to the Political and Economic Thought of Our Time*. New York: Universe Books.

Butler, E. (1988) *Ludwig von Mises: Fountainhead of the Modern Microeconomics Revolution*. Aldershot and Brookfield: Gower.

Caldwell, B. (2004) *Hayek's Challenge: An Intellectual Biography of F. A. Hayek*. University of Chicago Press.

Caldwell, B. and Klausinger, H. (2022) *Hayek: A Life, 1899-1950*. University of Chicago Press.

Dekker, E. (2016) *The Viennese Students of Civilization: The Meaning and Context of Austrian Economics Reconsidered*. Cambridge University Press.

Ebenstein, A. (2001) *Friedrich Hayek: A Biography*. New York and Houndmills: Palgrave Macmillan.

Ebenstein, A. (2003) *Hayek's Journey: The Mind of Friedrich Hayek*. New York and Houndmills: Palgrave Macmillan.

Feser, E. (2006) *The Cambridge Companion to Hayek*. Cambridge University Press.

Hayek, F. A. (1948) *Individualism and Economic Order*. University of Chicago Press.

Hayek, F. A. (1990) *Denationalisation of Money: The Argument Refined*, 3rd edn. London: Institute of Economic Affairs.

Hayek, F. A. (1994) *Hayek on Hayek: An Autobiographical Dialogue* (ed. S. Kresge and L. Wenar). University of Chicago Press.

Hayek, F. A. (1997) *Socialism and War: Essays, Documents, Reviews. The Collected Works of F. A. Hayek*, vol. X. University of Chicago Press.

Hayek, F. A. (2007) *The Road to Serfdom. Text and Documents. The Denitive Edition. The Collected Works of F. A. Hayek*, vol. II. University of Chicago Press.

Hayek, F. A. (2021) *Law, Legislation and Liberty. A New Statement of the Liberal Principles of Justice and Political Economy* (ed. J. Shearmur). *The Collected Works of F. A. Hayek*, vol. XIX. University of Chicago Press.

Hayek, F. A. (2022) *Essays on Liberalism and the Economy* (ed. P. Lewis). *The Collected Works of F. A. Hayek*, vol. XVIII. University of Chicago Press.

Hülsmann, J. G. (2007) *Mises: The Last Knight of Liberalism*. Auburn: Ludwig von Mises Institute.

Kirzner, I. M. (2001) *Ludwig von Mises: The Man and His Economics*. Wilmington: ISI Books.

Mises, L. von (1983) *Nation, State, and Economy: Contributions to the Politics and History of Our Time*. New York and London: Institute for Humane Studies & New York University Press.

Mises, L. von (1985) *Omnipotent Government: The Rise of the Total State and Total War*. Grove City: Libertarian Press.

Mises, L. von (1996) *Human Action: A Treatise on Economics*. San Francisco: Fox & Wilkes.

Mises, L. von (2000) An Eastern Democratic Union: a proposal for the establishment of a durable peace in Eastern Europe. In

Selected writings of Ludwig von Mises (ed. R. Ebeling). Indianapolis: Liberty Fund.

Simon, J. (1996) *The Ultimate Resource 2*. Princeton University Press.

Van de Haar, E. R. (2022) Ludwig von Mises and Friedrich Hayek: federation as last resort. *Cosmos + Taxis* (10) 11+12, 104-18.

제5장 개인들: 인간 본성, 자연권 그리고 인권

Berry, C. J. (1986) *Human Nature*. Basingstoke: Macmillan.

Coker, C. (2014) *Can War Be Eliminated?* Cambridge: Polity.

Donelan, M. (2007) *Honor in Foreign Policy: A History and Discussion*. New York and Basingstoke: Palgrave Macmillan.

Garrett, A. (2003) Anthropology: the 'Original' of human nature. In *The Cambridge Companion to the Scottish Enlightenment* (ed. A. Broadie), pp.79-93. Cambridge University Press.

Hayek, F. A. (1993) *The Constitution of Liberty*. London: Routledge.

Hume, D. (1998) *An Enquiry Concerning the Principles of Morals*. Oxford University Press.

Hume, D. (1999) *An Enquiry Concerning Human Understanding*. Oxford University Press.

Hume, D. (2000) *A Treatise of Human Nature*. Oxford University Press.

Jackson, R. H. (2000) *The Global Covenant: Human Conduct in a World of States*. Oxford University Press.

MacMillan, M. (2020) *War: How Conflict Shaped Us*. London: Pro-file Books.

Mill, J. S. (1989) *On Liberty and Other Writings*. Cambridge University Press.

Mises, L. von (1985 [1927]) *Liberalism: The Classical Tradition*. Irvington-on-Hudson: The Foundation for Economic Education.

Mises, L. von (1996) *Human Action: A Treatise on Economics*. San Francisco: Fox & Wilkes.

Pinker, S. (2002) *The Blank Slate: The Modern Denial of Human Nature*. New York: Penguin Books.

Pinker, S. (2011) *The Better Angels of Our Nature: A History of Violence and Humanity*. London: Penguin.

Rosen, S. P. (2005) *War and Human Nature*. Princeton University Press.

Rubin, P. H. (2002) *Darwinian Politics: The Evolutionary Origin of Freedom*. New Brunswick and London: Rutgers University Press.

Smith, A. (1982) *The Theory of Moral Sentiments*. Indianapolis: Liberty Fund.

Thayer, B. A. (2004) *Darwin and International Relations: On the Evolutionary Origins of War and Ethnic Conflict*. Lexington: University Press of Kentucky.

United Nations (2021) Responsibility to protect (https://www.un.org/en/genocideprevention/about-responsibility-to-protect.shtml).

Waltz, K. (1959) *Man, the State and War: A Theoretical Analysis*. New York: Columbia University Press.

Wrangham, R. (2019) *The Goodness Paradox: The Strange Relationship between Virtue and Violence in Human Evolution*. New York: Vintage Books.

제6장 집단들: 민족들, 국가들, 주권 그리고 이민

Anderson, B. (1996) *Imagined Communities: Reflections on the Origin and Spread of Nationalism*. London and New York: Verso.

Conway, D. (2004) *In Defence of the Realm: The Place of Nations in Classical Liberalism*. Aldershot: Ashgate.

Friedman, M. (1978) What is America? In *The Economics of Freedom*. Cleveland: Standard Oil Company of Ohio.

Gellner, E. (1983) *Nations and Nationalism*. Oxford: Blackwell.

Hayek, F. A. (1978) Integrating immigrants. *The Times*, 9 March.

Hume, D. (1932 [1727-76]) *The Letters of David Hume* (two vols) (ed. J.Y.T. Greig). Oxford University Press.

Hume, D. (1985 [1777]) *Essays: Moral, Political and Literary* (ed. E.F. Miller). Indianapolis: Liberty Fund.

Jackson, R. H. (2007) *Sovereignty: Evolution of an Idea*. Cambridge: Polity Press.

Kukathas, C. (2021) *Immigration and Freedom*. Princeton University Press.

Kedourie, E. (1993) *Nationalism*. Oxford: Blackwell.

Lal, D. (2004) *In Praise of Empires: Globalization and Order*. Basingstoke and New York: Palgrave Macmillan.

Lomasky, L. E. and Tesón, F. R. (2015) *Justice at a Distance: Extending Freedom Globally*. Cambridge University Press.

Smith, A. D. (1999) *Myths and Memories of the Nation*. Oxford University Press.

Somin, I. (2020) *Free to Move: Foot Voting, Migration and Political Freedom*. Oxford University Press.

Van der Vossen, B. and Brennan, J. (2018) *In Defence of Openness: Why Global Freedom Is the Humane Solution to Global Poverty*. Oxford University Press.

Watson, A. (1982) *Diplomacy: The Dialogue between States*. London: Routledge.

Ypi, L. and Fine, S. (2016) *Migration in Political Theory: The Ethics of Movement and Membership*. Oxford University Press.

제7장 폭력: 세력 균형, 전쟁, 군사 개입

Booth, K. and Wheeler, N. J. (2008) *The Security Dilemma: Fear, Cooperation and Trust in World Politics*. Basingstoke and New York: Palgrave Macmillan.

Bull, H. (1995) *The Anarchical Society: A Study of Order in World Politics*. Basingstoke and London: Macmillan.

Friedman, M. (1962) *Capitalism and Freedom*. University of Chicago Press.

Higgs, R. (2004) *Against Leviathan: Government Power and a Free*

Society. Oakland: The Independent Institute.

Higgs, R. (2005) *Resurgence of the Warfare State: The Crisis Since 9/11*. Oakland: The Independent Institute.

Hume, D. (1987) *Essays: Moral, Political, and Literary*. Indianapolis: Liberty Fund.

Little, R. (2007) *The Balance of Power in International Relations: Metaphors, Myths and Models*. Cambridge University Press.

Reed, C. and Ryall, D. (2007) *The Price of Peace: Just War in the Twenty-First Century*. Cambridge University Press.

Rengger, N. (2013) *Just War and International Order: The Uncivil Conditions in World Politics*. Cambridge University Press.

Rengger, N. (2017) *The Anti-Pelagian Imagination in Political Theory and International Relations*. London and New York: Routledge.

Sobek, D. (2009) *The Causes of War*. Cambridge: Polity.

Suganami, H. (1996) *On the Causes of War*. Oxford: Clarendon Press.

United Nations (2021) Responsibility to protect (https://www.un.org/en/genocideprevention/about-responsibility-to-protect.shtml).

Van de Haar, E. R. (2011) Hayekian spontaneous order and the international balance of power. *Independent Review* 16: 101-18.

Van de Haar, E. R. (2013b) David Hume and Adam Smith on international ethics and humanitarian intervention. In *Just and Unjust Military Intervention: European Thinkers from Vitoria to Mill* (ed. S. Recchia and J. M. Welsh), pp. 154-75. Cambridge

University Press.

Walzer, M. (1992) *Just and Unjust Wars: A Moral Argument with Historical Illustrations*. New York: Basic Books.

Walzer, M. (2005) *Arguing about War*. New Haven and London: Yale University Press.

제8장 규칙들: 국제법과 국제 조직

Besson, S. and Tasioulas, J. (2010) *The Philosophy of International Law*. Oxford University Press.

Equality and Human Rights Commission (2017) What is the European Convention on Human Rights? (https://www.equalityhumanrights.com/en/what-european-convention-human-rights).

Mises, L. von (1985) *Liberalism: The Classical Tradition*. Irvington-on-Hudson: Foundation for Economic Education.

Nabulsi, K. (2005) *Traditions of War: Occupation, Resistance, and the Law*. Oxford University Press.

Simmons, B. A. and Steinberg, R. H. (2006) *International Law and International Relations*. Cambridge: IO Foundation / Cambridge University Press.

Tuck, R. (1999) *The Rights of War and Peace: Political Thought and the International Order – From Grotius to Kant*. Oxford University Press.

제9장 경제: 무역, 세계화 그리고 개발 원조

Banerjee, A. V. and Duflo, E. (2011) *Poor Economics: Barefoot Hedge-fund Managers, DIY Doctors and the Surprising Truth about Life on Less than 1$ a Day*. London: Penguin.

Bauer, P. T. (1971) *Dissent on Development: Studies and Debates in Development Economics*. London: Weidenfeld and Nicolson.

Bauer, P. T. and Yamey, B. S. (1957) *The Economics of Under-Developed Countries*. Cambridge University Press.

Bhagwati, J. (2004) *In Defence of Globalization*. Oxford University Press.

Butler, E. (2021) *Introduction to Trade and Globalisation*. London: Institute of Economic Affairs.

Coker, C. (2014) *Can War Be Eliminated?* Cambridge: Polity.

Easterly, W. (2002) *The Elusive Quest for Growth: Economist's Adventures and Misadventures in the Tropics*. Cambridge, MA and London: The MIT Press.

Easterly, W. (2013) *The Tyranny of Experts: Economists, Dictators and the Forgotten Rights of the Poor*. New York Basic Books.

Germann, J. (2018) *Marxism*. In *International Organization and Global Governance* (ed. T. G. Weiss and R. Wilkinson), pp.170-79. Routledge.

Hammarlund, P. A. (2005) *Liberal Internationalism and the Decline of the State: The Thought of Richard Cobden, David Mitrany and Kenichi Ohmae*. Basingstoke and New York:

Palgrave Macmillan.

Hoekman, B. and Kostecki, M. (2009) *The Political Economy of the World Trading System: The WTO and Beyond*. Oxford University Press.

Hont, I. (2005) *Jealousy of Trade: International Competition and the Nation-State in Historical Perspective*. Cambridge and London: The Belknap Press of Harvard University Press.

Hume, D. (1987) *Essays: Moral, Political, and Literary*. Indianapolis: Liberty Fund.

Irwin, D. A. (1996) *Against the Tide: An Intellectual History of Free Trade*. Princeton University Press.

Irwin, D. A. (2017) *Clashing over Commerce: A History of US Trade Policy*. The University of Chicago Press.

Lal, D. (2002) *The Poverty of 'Development Economics'*. London: Institute of Economic Affairs.

List, F. (1841) *The National System of Political Economy* (옮긴이 S. Lloyd). London: Longmans, Green and Co. [The National System of Political Economy, Online Library of Liberty (libertyfund.org)를 보라].

Moyo, D. (2009) *Dead Aid: Why Aid Is Not Working and How There Is Another Way for Africa*. London: Penguin.

Norberg, J. (2001) *In Defence of Global Capitalism*. Stockholm: Timbro.

Norberg, J. (2017) *Progress: Ten Reasons to Look Forward to the Future*. London: One World.

Palmer, T. and Warner, M. (2022) *Development with Dignity:*

Self-Determination, Localization and the End to Poverty. New York: Routledge.

Panagariya, A. (2019) *Free Trade and Prosperity: How Openness Helps Developing Countries Grow Richer and Combat Poverty*. Oxford University Press.

Ricardo, D. (2002 [1817]) *The Principles of Political Economy and Taxation*. London: Empiricus Books.

Rosling, H. (with O. Rosling and A. Rosling Rönnlund) (2018) *Factfulness: Ten Reasons Why We Are Wrong about the World – and Why Things Are Better than You Think*. London: Sceptre.

Sally, R. (1998) *Classical Liberalism and International Economic Order: Studies in Theory and Intellectual History*. London: Routledge.

Sally, R. (2008) *Trade Policy, New Century: The WTO, FTAs and Asia Rising*. London: Institute of Economic Affairs.

Smith, A. (1981) *An Inquiry into the Nature and Causes of the Wealth of Nations*. Indianapolis: Liberty Fund.

Suganami, H. (1996) *On the Causes of War*. Oxford: Clarendon Press.

Van de Haar, E. R. (2010) The liberal divide over trade, war and peace. *International Relations* 24: 132-54.

Van de Haar, E. R. (2011) Philippine trade policy and the Japan-Philippines Economic Partnership Agreement (JPEPA). *Contemporary Southeast Asia* 33: 113-39.

Van de Haar, E. R. (2020a) Free trade does not foster peace. *Economic Affairs* 40: 281-86.

Van de Haar, E. R. (2020b) Rejoinder. *Economic Affairs* 40: 454–56.

Wolf, M. (2005) *Why Globalization Works*. New Haven and London: Yale University Press.

제10장 자유주의 IR 이론들

Ashworth, L. M. (1999) *Creating International Studies: Angell, Mitrany and the Liberal Tradition*. Aldershot: Ashgate.

Baldwin, D. A. (1993) Neoliberalism, neorealism, and world politics. In *Neorealism and Neoliberalism: The Contemporary Debate* (ed. D. A. Baldwin), pp. 3–25. New York: Columbia University Press.

Barbieri, K. (2005) *The Liberal Illusion: Does Trade Promote Peace?* Ann Arbor: The University of Michigan Press.

Bernstein, S. and Pauly, L. W. (2007) *Global Liberalism and Political Order: Toward a New Grand Compromise?* Albany: State University of New York Press.

Brown, M. E., Lynn-Jones, S. M. and Miller, S. E. (eds) (1996) *Debating the Democratic Peace*. Cambridge, MA: MIT Press.

Burchill, S. (2013) Liberalism. In *Theories of International Relations* (ed. S. Burchill and A. Linklater), pp. 57–87. Basingstoke and New York: Palgrave Macmillan.

Copeland, D. C. (2015) *Economic Interdependence and War*. Princeton University Press.

Doyle, M. W. (1986) Liberalism and world politics. *American*

Political Science Review 80: 1151-69.

Doyle, M. W. (1996) Kant, liberal legacies and foreign affairs. In *Debating the Democratic Peace* (ed. M. E. Brown, S. M. Lynn-Jones and S. E. Miller), pp. 3-57. Cambridge, MA: MIT Press.

Doyle, M. W. (1997) *Ways of War and Peace: Realism, Liberalism and Socialism*. New York and London: W. W. Norton & Company.

Dunne, T. (2005) Liberalism. In *The Globalization of World Politics: An Introduction to International Relations* (ed. J. Baylis and S. Smith), pp. 185-201. Oxford University Press.

Gartzke, E. (2007) The capitalist peace. *American Journal of Political Science* 51(1): 166-91.

Goddard, S. E. and Krebs, R. R. (2021) Legitimating primacy after the Cold War: how liberal talk matters to US foreign policy. In *Before and After the Fall: World Politics and the End of the Cold War* (ed. N. P. Monteiro and F. Bartel), pp. 132-50. Cambridge University Press.

Griffiths, M. (2011) *Rethinking International Relations Theory*. New York and Basingstoke: Palgrave Macmillan.

Hammarlund, P. A. (2005) *Liberal Internationalism and the Decline of the State: The Thought of Richard Cobden, David Mitrany and Kenichi Ohmae*. Houndmills and New York: Palgrave Macmillan.

Jackson, R. H. and Sørensen, G. (2003) *Introduction to International Relations: Theories and Approaches*. Oxford

University Press.

Jahn, B. (2013) *Liberal Internationalism: Theory, History, Practice*. Basingstoke: Palgrave Macmillan.

Jørgensen, K. E. (2018) *International Relations Theory: A New Introduction*. London: Palgrave.

Jørgensen, K. E. (2021) *The Liberal International Theory Tradition in Europe*. Basingstoke: Palgrave Macmillan.

Keohane, R. O. (1990) International liberalism reconsidered. In *The Economic Limits to Modern Politics* (ed. J. Dunn), pp.165-94. Cambridge University Press.

Keohane, R. O. (2012) Twenty years of institutional liberalism. *International Relations* 26: 125-38.

Keohane, R. O. and Nye, J. N. (1989) *Power and Interdependence*. Cambridge, MA: HarperCollins.

Lang, A. F. (2015) *International Political Theory: An Introduction*. New York and Basingstoke: Palgrave.

MacMillan, J. (1998) *On Liberal Peace: Democracy, War, and the International Order*. London: I. B. Tauris Publishers.

Maersheimer, J. J. (2018) *The Great Delusion: Liberal Dreams and International Realities*. New Haven and London: Yale University Press.

Mansfield, E. D. (1994) *Power, Trade, and War*. Princeton University Press.

Mansfield, E. D. and Pollins, B. M. (eds) (2003) *Economic Interdependence and International Conflict: New Perspectives on an Enduring Debate*. Ann Arbor, MI: University of Michigan

Press.

Mansfield, E. D. and Snyder, J. (2005) *Electing to Fight: Why Emerging Democracies Go to War*. Cambridge and London: MIT Press.

Martin, L. L. (2007) Neoliberalism. In *International Relations Theories. Discipline and Diversity* (ed. T. Dunne, M. Kurki and S. Smith), pp. 109-26 Oxford University Press.

McDonald, P. J. (2009) *The Invisible Hand of Peace: Capitalism, the War Machine and International Relations Theory*. Cambridge University Press.

Molloy, S. (2017) *Kant's International Relations: The Political Theology of Perpetual Peace*. Ann Arbor, MI: University of Michigan Press.

Nye, J. N. (1988) Neorealism and neoliberalism. *World Politics* XL: 235-51.

Owen, J. M. (1996) How liberalism produces democratic peace. In *Debating the Democratic Peace* (ed. M. E. Brown, S. M. Lynn-Jones and S. E. Miller), pp. 116-54. Cambridge, MA: MIT Press.

Owen, J. M. (1997) *Liberal Peace, Liberal War: American Politics and International Security*. Ithaca, NY: Cornell University Press.

Panke, D. and Risse, T. (2007) Liberalism. In I*nternational Relations Theories: Discipline and Diversity* (ed. T. Dunne, M. Kurki and S. Smith), pp. 89-108. Oxford University Press.

Rawls, J. (1999) *A Theory of Justice*, revised edn. Oxford

University Press.

Rawls, J. (2002) *The Law of Peoples, with 'The Idea of Public Reason Revisited'*. Cambridge and London: Harvard University Press.

Rengger, N. (2013) Realism tamed or liberalism betrayed? Dystopic liberalism and the international order. In *After Liberalism? The Future of Liberalism in International Relations* (ed. R. Friedman, K. Oskanian and R. Pacheco Pardo), pp. 51-66. London: Palgrave Macmillan.

Richardson, J. L. (2001) Contending liberalisms in world politics. ideology and power. Boulder, CO: Lynne Rienner.

Ruggie, J. G. (1982) International regimes, transactions, and change: embedded liberalism in the postwar economic order. *International Organization* 36: 379-415.

Schneider, G. and Gleditsch, P. (eds) (2013) *Assessing the Capitalist Peace*. London: Routledge.

Sinha, A. (2017) *John J. Mearsheimer on 'Liberal Ideals and International Realities'*. Yale MacMillan Centre, 30 November (https://macmillan.yale.edu/news/john-j-mearsheimer-liberal-ideals-and-international-realities).

Stein, A. R. (2008) Neoliberal institutionalism. In *The Oxford Handbook of International Relations* (ed. C. Reus-Smit and D. Snidal), pp. 201-21. Oxford University Press.

Van de Haar, E. R. (2021) Classical liberalism and IR theory. In *The Liberal International Theory Tradition in Europe* (ed. K.E. Jörgensen), pp. 119-32. New York and Basingstoke: Palgrave

Macmillan.

Wilson, W. (1918) The fourteen points. National WWI Museum and Memorial (theworldwar.org).

Young, O. R. (1989) *International Cooperation: Building Regimes for Natural Resources and the Environment*. Ithaca and London: Cornell University Press.

Zacher, M. W and Matthew, R. A. (1995) Liberal international theory: common threads, divergent strands. In *Controversies in International Relations Theory: Realism and the Neoliberal Challenge* (ed. C. W. Kegley Jr), pp. 107-50. New York: St. Martin's Press.

제11장 고전적 자유주의, IR 이론 그리고 외교 정책

Bull, H. (1966) The Grotian conception of international society. In *Diplomatic Investigations. Essays in the Theory of International Politics* (ed. H. Butterfield and M. Wight), pp. 51-73. London: George Allen & Unwin.

Bull, H. (1977) *The Anarchical Society: A Study of Order in World Politics*. Basingstoke and London: Macmillan.

Bull, H. (1990) The importance of Grotius in the study of international relations. In *Hugo Grotius and International Relations* (ed. H. Bull, B. Kingsbury and A. Roberts), pp. 65-94. Oxford: Clarendon Press.

Buzan, B. (2004) *From International to World Society? English School Theory and the Social Structure of Globalisation.*

Cambridge University Press.

Buzan, B. (2014) *An Introduction to the English School of International Relations: A Societal Approach*. Cambridge: Polity Press.

Hill, C. (2003) *The Changing Politics of Foreign Policy*. Basingstoke and New York: Palgrave Macmillan.

Hume, D. (1998) *An Enquiry concerning the Principles of Morals*. Oxford University Press.

Linklater, A. and Suganami, H. (2006) *The English School of International Relations: A Contemporary Reassessment*. Cambridge University Press.

Van de Haar, E. R. (2008) David Hume and international political theory: a reappraisal. *Review of International Studies* 34(2): 225-42.

Van de Haar, E. R. (2021) Classical liberalism and IR theory. In *The Liberal International Theory Tradition in Europe* (ed. K.E. Jörgensen), pp. 119-32. New York and Basingstoke: Palgrave Macmillan.

Waltz, K. N. (2010) *Theory of International Politics*. Longgrove: Waveland Press.

Whelan, F. G. (2004) *Hume and Machiavelli: Political Realism and Liberal Thought*. Lanham and Oxford: Lexington.

Wight, M. (1991) *International Theory: The Three Traditions* (ed. G. Wight and B. Porter). London: Leicester University Press for the Royal Institute of International Affairs.

Block, W. (2003) National defense and the theory of externalities, public goods, and clubs. In *The Myth of National Defense: Essays in the Theory and History of Security Production* (ed. H.-H. Hoppe), pp. 301-35. Auburn: Ludwig von Mises Institute.

Bresiger, G. (1997) Laissez faire and Little Englanderism: the rise, fall, rise and fall of the Manchester School. *Journal of Libertarian Studies* 13: 45-79.

Carpenter, T. G. (ed.) (1989) *Collective Defense or Strategic Independence? Alternative Strategies for the Future.* Washington, DC, and Lanham: Cato Institute and Lexington Books.

Carpenter, T. G. (1995) Toward strategic independence: protecting vital American interests. *Brown Journal of World Affairs* 2(2): 7-13.

Carpenter, T. G. (2002) *Peace and Freedom: Foreign Policy for a Constitutional Republic.* Washington, DC: Cato Institute.

Cobden, R. (1878) *The Political Writings of Richard Cobden.* London: William Ridgway.

De Molinari, G. (1849) The production of security. The Mises Institute.

Denson, J. V. (2003) War and American freedom. In *The Costs of War: America's Pyrrhic Victories* (ed. J. V. Denson). New Brunswick and London: Transaction Publishers.

Ebeling, R. M. (2003) Classical liberalism in the twenty-first century: war and peace. In *Liberty, Security, and the War on Terrorism* (ed. R. M. Ebeling and J. G. Hornberger). Fairfax: The Future of Freedom Foundation.

Ebeling, R. M. and Hornberger, J. G. (eds) (1995) *The Case for Free Trade and Open Immigration*. Fairfax: The Future of Freedom Foundation.

Ebeling, R. M. and Hornberger, J. G. (eds) (1996) *The Failure of America's Foreign Wars*. Fairfax: The Future of Freedom Foundation.

Ebeling, R. M. and Hornberger, J. G. (eds) (2003) *Liberty, Security, and the War on Terrorism*. Fairfax: The Future of Freedom Foundation.

Eland, I. (2004) *The Empire Has No Clothes: U.S. Foreign Policy Exposed*. Oakland: The Independent Institute.

Francis, M. (2007) *Herbert Spencer and the Invention of Modern Life*. Ithaca, NY: Cornell University Press.

Gotthelf, A. and Salmieri, G. (eds) (2016) *A Companion to Ayn Rand*. Chichester: Wiley Blackwell.

Grammp, W. D. (1960) *The Manchester School of Economics*. Stanford and London: Stanford University Press and Oxford University Press.

Gray, T. S. (1996) *The Political Philosophy of Herbert Spencer: Individualism and Organicism*. Aldershot: Avebury.

Hammarlund, P. (2005), *Liberal Internationalism and the Decline of the State: The Thought of Richard Cobden, David Mitrany, and Kenichi Ohmae*. Basingstoke: Palgrave Macmillan.

Higgs, R. (2005) *Resurgence of the Warfare State: The Crisis Since 9/11*. Oakland: The Independent Institute.

Higgs, R. (2006) *Depression, War, and Cold War: Studies in Political Economy*. Oxford University Press.

Hirst, F. W. (ed.) (1968) *Free Trade and Other Fundamental Doctrines of the Manchester School*. New York: Augustus M. Kelley Publishers.

Hoppe, H.-H. (2003a). Government and the private production of defense. In *The Myth of National Defense: Essays in the Theory and History of Security Production* (ed. H.-H. Hoppe). Auburn: Ludwig von Mises Institute.

Hoppe, H.-H. (ed.) (2003b) *The Myth of National Defense: Essays on the Theory and History of Security Production*. Auburn: Ludwig von Mises institute.

Howe, A. and Morgan, S. (eds) (2006) *Rethinking Nineteenth-Century Liberalism: Richard Cobden Bicentenary Essays*. Aldershot: Ashgate.

Journo, E. (ed.) (2009) *Winning the Unwinnable War: America's Self-Crippled Response to Islamic Totalitarianism*. Lanham: Lexington Books.

Lomasky, L. E. and Tesón, F. R. (2015) *Justice at a Distance: Extending Freedom Globally*. Cambridge University Press.

Prebble, C. A. (2019) *Peace, War, and Liberty: Understanding US Foreign Policy*. Washington, DC: Libertarianism.org.

Rand, A. (1964) *The Virtue of Selfishness: A New Concept of Egoism*. New York: Meridian.

Rockwell, L. H. (2003) *Speaking of Liberty*. Auburn: Ludwig von Mises Institute.

Rothbard, M. N. (2000) *Egalitarianism as a Revolt against Nature, and Other Essays*. Auburn: Ludwig von Mises Institute.

Rothbard, M. N. (2002) *The Ethics of Liberty*. New York and London: New York University Press.

Rothbard, M. N. (2003) America's two just wars: 1775 and 1861. In *The Costs of War: America's Pyrrhic Victories* (ed. J. V. Denson). New Brunswick and London: Transaction Publishers.

Rothbard, M. N. (2004) *Man, Economy, and State: A Treatise on Economic Principles, with Power and Market – Government and the Economy*. Auburn: Ludwig von Mises Institute.

Spencer, H. (1978) *The Principles of Ethics* (two vols). Indianapolis: Liberty Fund.

Spencer, H. (1982) *The Man versus the State: With Six Essays on Government, Society and Freedom*. Indianapolis: Liberty Fund.

Trentmann, F. (2006) The resurrection and decomposition of Cobden in Britain and the West: an essay in the politics of reputation. In *Rethinking Nineteenth-Century Liberalism: Richard Cobden Bicentenary Essays* (ed. A. Howe and S. Morgan). Aldershot: Ashgate.

Van de Haar, E. R. (2010) The liberal divide over trade, peace and war. *International Relations* 24(2): 132–54.

Van De Haar, E. R. (2019) Fostering liberty in international relations theory: the case of Ayn Rand. *International Politics* 56: 1–16.

Van De Haar, E. R. (2020a) Free trade does not foster peace. *Economic Affairs* 40: 281-86.

Weinstein, D. (1998) *Equal Freedom and Utility: Herbert Spencer's Liberal Utilitarianism*. Cambridge University Press.

IEA에 관해

본 연구소는, 유한 합자, 연구 및 교육 자선 단체(No. CC 235 351)입니다. 그것의 사명은 시장들이 경제 및 사회 문제들을 해결하는 데서의 역할을 분석하고 해설함으로써 자유 사회의 근본적인 제도들에 관한 이해를 향상하는 것입니다.

IEA는 자신의 사명을 다음을 통해 달성합니다.

· 고품질의 출판 프로그램
· 콘퍼런스, 세미나, 강의 그리고 다른 이벤트들
· 중고등 및 대학생들에 대한 봉사 활동
· 매체 도입과 출연의 중개

1955년 고(故) 앤터니 피셔 경(Sir Antony Fisher)에 의해 설립된 IEA는 교육 자선 단체이지, 정치적 조직이 아닙니다. 그것은 어떤 정당이나 단체로부터도 독립되어 있고, 어떤 선거나 주민 투표에서도 혹은 어떤 다른 때에도 어떤 정당이나 후보에 대해서도 지지에 영향을 미칠 생각으로 활동들을 수행하지 않습니다. 그것의 재원은 출판물의 판매, 콘퍼런스 참가비 그리고 자발적인 기부로 조달됩니다.

자체의 메인 시리즈의 출판물들 외에도 IEA는 또한 [버킹엄 대학교(University of Buckingham)와 공동으로] 계간지 ≪경제 문제(Economic Affairs)≫도 출간합니다.

IEA는, 자신의 업무에서, 유명한 국제적 대학 자문 위원회와 명예 연구 위원들의 저명 패널의 도움을 받습니다. 다른 학자들과 함께, 그들은 출판될 만한 IEA 출판물들을 논평하며, 그들의 논평들은 저자들에게 익명으로 전달됩니다. 그러므로 모든 IEA 페이퍼는 지도적인 학술 잡지들이 사용하는 것과 똑같은 엄격한 독립적 심사 과정을 밟습니다.

IEA 출판물들은 중고등학교와 대학교에서 널리 수업에서 사용되고 교재로 채택됩니다. 그것들은 또한 전 세계에 걸쳐 팔리기도 하고 종종 번역/재간됩니다.

1974년 이래 IEA는 70개 이상의 국가에서 100개의 비슷한 기관의 전 세계적 네트워크를 창설하는 것을 도왔습니다. 그것들은 모두 독립적이지만 IEA의 사명을 공유합니다.

IEA의 출판물들에서 표현된 견해들은 필자들의 견해들이지, (법인 견해를 가지지 않는) 이 연구소의 견해들이 아니며, 그 관리 이사들이나 대학 자문 위원들이나 중견 직원들의 견해들도 아닙니다.

본 연구소의 대학 자문 위원들, 명예 연구 위원들, 이사들 그리고 직원들은 다음 페이지에 열거되어 있습니다.

본 연구소는 그것의 출판 프로그램과 기타 업무를 위해서 고(故) 로널드 코스(Ronald Coase) 교수께서 하신 관대한 희사(喜捨)로부터의 재정적 지원에 감사드립니다.

The Institute of Economic Affairs
2 Lord North Street, Westminster, London SW1P 3LB
Tel: 020 7799 8900
Fax: 020 7799 2137
Email: iea@iea.org.uk
Internet: iea.org.uk

사무총장 & 랠프 해리스 펠로 마크 리틀우드(Mark Littlewood)

학술 및 연구 이사 제임스 포더 박사(Dr James Forder)

관리 이사들
의장: 닐 레코드(Neil Record)
케빈 벨(Kevin Bell)
크리스티안 브외른스코우 교수(Professor Christian Bjørnskov)
로버트 보이드(Robert Boyd)
린다 에드워즈(Linda Edwards)
로빈 에드워즈(Robin Edwards)
마이클 힌치 경(Sir Michael Hintze)
패트릭 민퍼드 교수(Professor Patrick Minford)
브루노 프라이어(Bruno Prior)
마르틴 리케츠 교수(Professor Martin Ricketts)

대학 자문 위원회
의장: 마르틴 리케츠 교수(Professor Martin Ricketts)
그레이엄 배넉(Graham Bannock)
로저 베이트 박사(Dr Roger Bate)
알베르토 베네가스-린치 주니어 교수(Professor Alberto Benegas-Lynch, Jr)
크리스티안 브외른스코우 교수(Professor Christian Bjørnskov)
도널드 J 부드로 교수(Professor Donald J Boudreaux)
존 버턴 교수(Professor John Burton)
포레스트 캐피 교수(Professor Forrest Capie)
스티븐 N S 청 교수(Professor Steven N S Cheung)
팀 콩던 교수(Professor Tim Congdon)
크리스토퍼 코인 교수(Professor Christopher Coyne)
N F R 크래프츠 교수(Professor N F R Crafts)
데이비드 드 메자 교수(Professor David de Meza)
케빈 다우드 교수(Professor Kevin Dowd)
데이비드 그린어웨이 교수(Professor David Greenaway)
잉그리드 A 그레그 박사(Dr Ingrid A Gregg)
새뮤얼 그레그 박사(Dr Samuel Gregg)
월터 E 그라인더(Walter E Grinder)
스티브 H 행키 교수(Professor Steve H Hanke)
키스 하틀리 교수(Professor Keith Hartley)
피터 M 잭슨 교수(Professor Peter M Jackson)
제리 조던 박사(Dr Jerry Jordan)
테런스 킬리 교수(Professor Terence Kealey)

린 키슬링 박사(Dr Lynne Kiesling)
대니얼 B 클라인 교수(Professor Daniel B Klein)
마크 코야마 박사(Dr Mark Koyama)
찬드란 쿠카타스 교수(Professor Chandran Kukathas)
팀 루니그 박사(Dr Tim Leunig)
앤드루 릴리코 박사(Dr Andrew Lilico)
스티븐 C 리틀차일드 교수(Professor Stephen C Littlechild)
시어도어 루스벨트 맬럭 교수(Professor Theodore Roosevelt Malloch)
아일린 마셜 박사(Dr Eileen Marshall)
안토니오 마르티노 교수(Professor Antonio Martino)
존 메도크로프트 박사(Dr John Meadowcroft)
안자 메르츠 박사(Dr Anja Merz)
루시 민퍼드 박사(Dr Lucy Minford)
줄리언 모리스 교수(Professor Julian Morris)
앨런 모리슨 교수(Professor Alan Morrison)
D R 마이덜턴 교수(Professor D R Myddelton)
마리 뉴하우스 박사(Dr Marie Newhouse)
폴 오머로드(Paul Ormerod)
데이비드 파커 교수(Professor David Parker)
니마 파비니 박사(Dr Neema Parvini)
빅토리아 커전 프라이스 교수(Professor Victoria Curzon Price)
알렉스 로브슨 박사(Dr Alex Robson)
파스칼 살랭 교수(Professor Pascal Salin)
레이진 샐리 박사(Dr Razeen Sally)
페드로 슈워츠 교수(Professor Pedro Schwartz)
J R 섀클턴 교수(Professor J R Shackleton)
제인 S 쇼(Jane S Shaw)
W 스탠리 시버트 교수(Professor W Stanley Siebert)
섕커 싱검(Shanker Singham)
카를로 스타냐로 박사(Dr Carlo Stagnaro)
일레인 스턴버그 박사(Dr Elaine Sternberg)
제임스 툴리 교수(Professor James Tooley)
라도미르 타일코트 박사(Dr Radomir Tylecote)
니콜라 타이낸 교수(Professor Nicola Tynan)
롤런드 바벨 교수(Professor Roland Vaubel)
센토 벨자노프스키 박사(Dr Cento Veljanovski)
로런스 H 화이트 교수(Professor Lawrence H White)
월터 E 윌리엄스 교수(Professor Walter E Williams)
제프리 E 우드 교수(Professor Geoffrey E Wood)

명예 연구 위원들
마이클 빈스톡 교수(Professor Michael Beenstock)
리처드 A. 엡스타인 교수(Professor Richard A Epstein)
데이비드 레이들러 교수(Professor David Laidler)
데어드러 매클로스키 교수(Professor Deirdre McCloskey)
치아키 니시야마 교수(Professor Chiaki Nishiyama)
버넌 L. 스미스 교수(Professor Vernon L Smith)

IEA가 최근에 출판한 다른 책들은 다음을 포함합니다:

Against the Grain: Insights from an Economic Contrarian
Paul Ormerod
ISBN 978-0-255-36755-4; £15.00

Ayn Rand: An Introduction
Eamonn Butler
ISBN 978-0-255-36764-6; £12.50

Capitalism: An Introduction
Eamonn Butler
ISBN 978-0-255-36758-5; £12.50

Opting Out: Conscience and Cooperation in a Pluralistic Society
David S. Oderberg
ISBN 978-0-255-36761-5; £12.50

Getting the Measure of Money: A Critical Assessment of UK Monetary Indicators
Anthony J. Evans
ISBN 978-0-255-36767-7; £12.50

Socialism: The Failed Idea That Never Dies
Kristian Niemietz
ISBN 978-0-255-36770-7; £17.50

Top Dogs and Fat Cats: The Debate on High Pay
Edited by J. R. Shackleton
ISBN 978-0-255-36773-8; £15.00

School Choice around the World … And the Lessons We Can Learn
Edited by Pauline Dixon and Steve Humble
ISBN 978-0-255-36779-0; £15.00

School of Thought: 101 Great Liberal Thinkers
Eamonn Butler
ISBN 978-0-255-36776-9; £12.50

Raising the Roof: How to Solve the United Kingdom's Housing Crisis
Edited by Jacob Rees-Mogg and Radomir Tylecote
ISBN 978-0-255-36782-0; £12.50

How Many Light Bulbs Does It Take to Change the World?
Matt Ridley and Stephen Davies
ISBN 978-0-255-36785-1; £10.00

The Henry Fords of Healthcare … Lessons the West Can Learn from the East
Nima Sanandaji
ISBN 978-0-255-36788-2; £10.00

An Introduction to Entrepreneurship
Eamonn Butler
ISBN 978-0-255-36794-3; £12.50

An Introduction to Democracy
Eamonn Butler
ISBN 978-0-255-36797-4; £12.50

Having Your Say: Threats to Free Speech in the 21st Century
Edited by J. R. Shackleton
ISBN 978-0-255-36800-1; £17.50

The Sharing Economy: Its Pitfalls and Promises
Michael C. Munger
ISBN 978-0-255-36791-2; £12.50

An Introduction to Trade and Globalisation
Eamonn Butler
ISBN 978-0-255-36803-2; £12.50

Why Free Speech Matters
Jamie Whyte
ISBN 978-0-255-36806-3; £10.00

The People Paradox: Does the World Have Too Many or Too Few People?
Steven E. Landsburg and Stephen Davies
ISBN 978-0-255-36809-4; £10.00

An Introduction to Economic Inequality
Eamonn Butler
ISBN 978-0-255-36815-5; £10.00

Carbon Conundrum: How to Save Climate Change Policy from Government Failure
Philip Booth and Carlo Stagnaro
ISBN 978-0-255-36812-4; £12.50

Scaling the Heights: Thought Leadership, Liberal Values and the History of The Mont Pelerin Society
Eamonn Butler
ISBN 978-0-255-36818-6; £10.00

Faith in Markets? Abrahamic Religions and Economics
Edited by Benedikt Koehler
ISBN 978-0-255-36824-7; £17.50

다른 IEA 출판물들

다른 출판물들과 더 넓은 IEA 업무에 관한 포괄적인 정보는 www.iea.org.uk에서 찾아볼 수 있습니다. 어떤 출판물이든 주문하기 위해서는 아래를 보십시오.

개인 고객들

개인 고객들로부터의 주문들은 IEA로 내어야 합니다:

IEA
2 Lord North Street
FREEPOST LON10168
London SW1P 3YZ
Tel: 020 7799 8911, Fax: 020 7799 2137
Email: sales@iea.org.uk

상업 고객들

출판업으로부터의 모든 주문은 IEA의 유통회사로 내어야 합니다:

Ingram Publishers Services UK
1 Deltic Avenue
Rooksley
Milton Keynes MK13 8LD
Tel: 01752 202301, Fax: 01752 202333
Email: ipsuk.orders@ingramcontent.com

IEA 정기 구독

IEA는 또한 자체 출판물들에 대한 정기 구독 서비스도 제공합니다. 1회 연회비(현재 영국에서는 £42.00)로, 정기 구독자들은 IEA가 출판하는 매 모노그래프를 받습니다. 더 많은 정보를 위해서는 아래로 접촉하십시오:

Subscriptions
IEA
2 Lord North Street
FREEPOST LON10168
London SW1P 3YZ
Tel: 020 7799 8911, Fax: 020 7799 2137
Email: accounts@iea.org.uk

옮긴이 후기

역자는 국제 관계론을 전공하지 않았기 때문에 이 분야의 독서와 지식이 빈약하다. 그럼에도 이 책을 번역하기로 한 것은 필자 에드빈 판 데 하르가 고전적 자유주의 시각에서 국제 관계론을 고찰하고 있기 때문이다. 고전적 자유주의자로 자처하는 역자의 입장에서는 이런 고전적 자유주의 시각에서 어떤 국제 관계론이 제시되고 있는지가 궁금했다.

그런데 아직 체계적인 고전적 자유주의 국제 관계론이라는 것이 존재하지 않는 모양이다. 그래서 판 데 하르는 고전적 자유주의자들, 데이비드 흄과 애덤 스미스, 루트비히 폰 미제스와 프리드리히 하이에크의 저작을 읽어 그들이 국제 관계에 관해 언급한 내용을 찾아냄으로써 고전적 자유주의 국제 관계론의 내용을 추출하고 있다. 학문적 미답의 영역이기 때문에 그렇게 하는 수밖에 없기도 하겠지만, 그런 방식으로 고전적 자유주의 국제 관계론의 내용을 규정하려고 한 발상이 창의적이기도 하다.

고전적 국제 관계론의 내용을 규정하는 데도 기준이 있어야 한다. 판 데 하르는 마이클 프리든의 구성 요소의 개념에 근거하여 기준을 마련한다. 주요 구성 요소들은 개인, 집단, 폭력, 규칙, 경제 등이다. 개인이라는 구성 요소와 관련 이 책이 특히 인간 본성관을 고전적 자유주의 이론을 전개하는 출발점으로 삼고 있다는 점은 역자에게는 근본적이고 참신하다고 느껴졌다.

판 데 하르는 이 책에서 고전적 자유주의 국제 관계론만 살펴보지 않는다. 그는 국제 관계 접근법을 자유주의 안에서 세 가지로, 사회적 자유주의, 고전적 자유주의 그리고 리버테리언으로 나누고 거기다가 현실주의 접근법을 보태어 그들 사이의 유사점과 차이점을 핵심 개념, 인접 개념, 주변 개념 등의 관점에서 분석한다. 이 책이 선입관과 달리 생소하지 않은 것은 판 데 하르가 자유주의 IR 접근법을 세 가지로 분류한 방식이 에이먼 버틀러 박사가 ≪고전적 자유주의 입문≫

과 ≪학파: 101인의 위대한 자유주의 사상가≫에서 전개한 것을 따랐고 역자가 그 두 책을 이미 번역했다는 점일 것이다.

이를 통해서 국제 관계 학파들 사이 유사점과 차이점, 고전적 자유주의의 독특한 시각을 알 수 있다. 고전적 자유주의 IR 이론은 현실적인 인간 본성관에서 출발한다; 전쟁은 불가피한 국제 문제 측면이다; 국가는 국제 관계에서 주요 행위자이다; 세력 균형은 국제 질서에서 자생적 질서의 한 형태다; 국제법과 국제기구에 회의적이고 개발 원조에 반대한다; 등. 이런 내용들은 고전적 자유주의 국제 관계론에서 학자들 사이 대개 의견 일치를 보는 내용들이다.

그러나 고전적 자유주의 국제 관계론자들 사이에서 의견이 대립하는 것들도 있다. 자유 무역이 평화를 가져오느냐, 이민을 어느 정도 개방해야 하느냐, 유럽 연합을 비롯하여 연방에 대한 태도는? 등이다. 서로 사촌이라 볼 수 있는 고전적 자유주의자들과 리버테리언들 사이에서도 의견이 대립한다. 이민에 대해서와, 방위의 민간 제공에 대해서 양 진영은 크게 의견을 달리한다. 국제 문제에 대한 미국의 역할과 관련, 예로 한미동맹을 파기할 것을 주장하는 미국 출신 리버테리언들이 있는데, 다른 생각을 가진 고전적 자유주의자들도 있다.

세력 균형과 관련, 이 책에서도 그것이 전쟁 발발의 원인이 된다고 지나가면서 언급은 하고 있지만, 고전적 자유주의의 기본 입장은 세력 균형이 전쟁을 막는다는 것이다. 그러나 역자가 번역(공역)한, 현실주의 국제 관계론자 고든 털럭 교수의 ≪미국의 외교 문제: 간결한 역사≫에서는 세력 균형으로 인해서 전쟁이 일어난 한 예가 자세하게 서술되어 있다. 즉, 세력 균형으로 말미암아, 미국 독립 전쟁이 발발했고, 그 덕분에 미국이 독립했다.

마지막으로, 본 번역과 관련하여 역자에게 변함없이 흔쾌히 번역 출판권을 주신 영국의 경제문제연구소(Institute of Economic Affairs)와 동 연구소의 정치경제학 책임자 크리스티안 니미츠(Kristian Niemietz) 박사 그리고 계약 실무를 처리해 주신 EPICENTER 이사 애덤 바샤(Adam Bartha)에게 역자는 깊이 감사드린다.

옮긴이에 관해

황수연은 진주고등학교와 서울대학교 경영학과를 졸업하고 서울대학교 행정대학원에서 행정학 석사와 박사 학위를 받다. 경성대학교(행정학과 교수)를 정년 퇴직하였으며, 한국하이에크소사이어티 회장을 역임하였다. 한국개발연구원(KDI) 연구원으로, 그리고 경성대학교 재직 중에는 애리조나 대학교 경제학과[1991년(풀브라이트 교환학자), 1997년], 조지 메이슨 대학교 공공선택 연구 센터(2004년), 그리고 플로리다 주립대학교 경제학과 및 스타브로스 센터(2013년)에서 교환 교수로 연구하였다. 공공선택론, 오스트리아학파 경제학, 시장 경제, 그리고 자유주의 분야의 책을 다수 번역하였다. 자유기업원에 매주 금요일 라이너 지텔만과 랜들 홀콤의 칼럼들을 번역해서 게재하고 블로그를 운영한다. https://cfe.org/bbs/bbsList.php?cid=ZC와 https://cfe.org/bbs/bbsList.php?cid=HC 그리고 https://blog.naver.com/bcmee

옮긴이 **황수연**이 낸 역서(공역 포함)

≪득표동기론: 공공선택론 입문≫ (고든 털럭)
≪현대 정치 경제론≫ (브루노 S. 프라이)
≪국민 합의의 분석: 입헌 민주주의의 논리적 근거≫ (제임스 M. 뷰캐넌과 고든 털럭)
≪동물 사회의 경제학≫ (고든 털럭)
≪새 연방제론: 지방자치의 공공선택론≫ (고든 털럭)
≪게임 이론: 개념과 응용≫ (프랭크 저게리)
≪사적 욕망과 공공 수단: 바람직한 정부 범위에 관한 경제학적 분석≫ (고든 털럭)
≪지대 추구≫ (고든 털럭)
≪합리적 투표자에 대한 미신: 민주주의가 나쁜 정책을 채택하는 이유≫ (브라이언 캐플런)
≪공공재, 재분배 그리고 지대 추구≫ (고든 털럭)

≪득표 동기론 II: 공공 선택론의 이해≫ (고든 털럭)
≪자유주의로의 초대≫ (데이비드 보어즈)
≪관료제≫ (루트비히 폰 미제스)
≪전제 정치≫ (고든 털럭)
≪간결한 경제학 길잡이≫ (짐 콕스)
≪복지, 정의 그리고 자유≫ (스콧 고든)
≪도시 정부의 이해: 대도시 개혁의 재고≫ (로버트 L. 비시와 빈센트 오스트롬)
≪경제 모형과 방법론≫ (랜들 G. 홀콤)
≪공공선택론 입문≫ (에이먼 버틀러)
≪대중을 위한 경제학: 오스트리아학파 입문≫ (진 캘러헌)

≪미국의 외교 문제: 간결한 역사≫ (고든 털럭)
≪루트비히 폰 미제스 입문≫ (에이먼 버틀러)
≪시장은 어떻게 작동하는가: 불균형, 기업가 정신 그리고 발견≫ (이즈리얼 M. 커즈너)
≪자유주의와 연고주의: 대항하는 두 정치 경제 체제≫ (랜들 G. 홀콤)
≪오스트리아학파 경제학 입문≫ (에이먼 버틀러)
≪대도시 지역의 공공경제: 공공선택 접근법≫ (로버트 L. 비시)
≪자유 사회의 기초≫ (에이먼 버틀러)
≪초보자를 위한 자유의 길잡이≫ (리처드 웰링스 편)
≪기업가 정신과 경제적 진보≫ (랜들 G. 홀콤)

≪고전적 자유주의 입문≫ (에이먼 버틀러)
≪축약된 국부론: 그리고 대단히 축약된 도덕 감정론≫ (에이먼 버틀러)
≪자유 101≫ (매드센 피리)
≪공공 정책과 삶의 질: 시장 유인 대 정부 계획≫ (랜들 G. 홀콤)
≪번영의 생산: 시장 과정의 작동의 탐구≫ (랜들 G. 홀콤)
≪상식의 경제학: 모든 사람이 부와 번영에 관해 알아야 하는 것≫ (제임스 고트니, 리처드 스트룹, 드와이트 리, 토니 페라리니, 및 조지프 캘훈)
≪애덤 스미스 입문≫ (에이먼 버틀러)
≪공공선택론 고급 개론≫ (랜들 G. 홀콤)
≪아인 랜드 개론≫ (에이먼 버틀러)
≪시장의 재도입: 시장 자유주의의 정치적 부활≫ (존 L. 켈리)
≪자본주의 개론≫ (에이먼 버틀러)

≪정치적 자본주의: 경제 및 정치 권력이 어떻게 형성되고 유지되는가≫ (랜들 G. 홀콤)
≪학파: 101인의 위대한 자유주의 사상가≫ (에이먼 버틀러)
≪본질적인 오스트리아학파 경제학≫ (크리스토퍼 J. 코인과 피터 J. 뵛키)
≪기업가 정신 개론≫ (에이먼 버틀러)
≪본질적인 애덤 스미스≫ (제임스 오티슨)
≪민주주의 개론≫ (에이먼 버틀러)
≪본질적인 제임스 뷰캐넌≫ (도널드 J. 부드로와 랜들 G. 홀콤)
≪본질적인 밀턴 프리드먼≫ (스티븐 E. 랜즈버그)
≪무역과 세계화 개론≫ (에이먼 버틀러)
≪본질적인 자유의 여성들≫ (도널드 J. 부드로와 이언 J. 스코블 편)

≪경제적 불평등 개론≫ (에이먼 버틀러)
≪경제에 관해 생각하는 방법 입문≫ (페어 L. 바일런드)
≪반자본주의자들의 열 가지 거짓말: 자본주의 비판에 대한 비판≫ (라이너 지텔만)
≪본질적인 UCLA학파 경제학≫ (데이비드 R. 헨더슨과 및 스티븐 글로버먼)
≪가난한 사람들이 자기 처지를 개선할 유일한 희망은 시장 경제≫ (라이너 지텔만) (전자책)
≪고지에 오르기: 사상 지도력, 자유주의 가치 그리고 몽펠르랭 소사이어티의 역사≫ (에이먼 버틀러)
≪재무적 자유: 부를 창출하고 그것을 붙잡고 있는 방법≫ (라이너 지텔만)
≪국가들이 가난에서 벗어나는 방법: 베트남, 폴란드, 그리고 번영의 기원≫ (라이너 지텔만)